豪力久繼先鄭成功後沾注之

土城票々入望諸文之儲能々

之烽煙圣鋻吹斷此山頻岐矣

凡嵒三都吹南背海挞區安々

頃爲中外得酒巨鎮尚師矣

影篇續紛山林嘯聚止邨

名群而莲来而出没焉

此涟三邨如眉上向

雲墨閜有月一洋远而堂

火蝠虫虎尾圧之十如仁

豪力久繼先鄭成功後沾注之

海丝乡情

厦门市海沧华侨三都联谊会纪事

魏宁当　编著

厦门市海沧华侨三都联谊会　编

厦门大学出版社　国家一级出版社
XIAMEN UNIVERSITY PRESS　全国百佳图书出版单位

图书在版编目(CIP)数据

海丝乡情:厦门市海沧华侨三都联谊会纪事/魏宁当编著;厦门市海沧区华侨三都联谊会编. —厦门:厦门大学出版社,2019.3
ISBN 978-7-5615-7346-4

Ⅰ.①海… Ⅱ.①魏…②厦… Ⅲ.①华侨—社会团体—历史—厦门 Ⅳ.①D634

中国版本图书馆 CIP 数据核字(2019)第 054136 号

出 版 人	郑文礼
责任编辑	薛鹏志　林　灿
美术编辑	张雨秋
技术编辑	朱　楷

出版发行	厦门大学出版社
社　　址	厦门市软件园二期望海路 39 号
邮政编码	361008
总 编 办	0592-2182177　0592-2181406(传真)
营销中心	0592-2184458　0592-2181365
网　　址	http://www.xmupress.com
邮　　箱	xmup@xmupress.com
印　　刷	厦门集大印刷厂

开本	720 mm×1 000 mm　1/16
印张	13.5
插页	2
字数	250 千字
印数	1~2 500 千字
版次	2019 年 3 月第 1 版
印次	2019 年 3 月第 1 次印刷
定价	58.00 元

厦门大学出版社
微信二维码

厦门大学出版社
微博二维码

海丝乡情：

厦门市海沧华侨三都联谊会纪事

编纂委员会

顾　　问：林中鸿　陈新赐

主　　任：许瑞发

副主任：颜　笛

委　　员：张勤强　谢福坤　邱锦容　邱天在

　　　　　邱武德　杨建宏

前　　言

及时当勉励,岁月不待人。

2003 年,厦门市行政区划调整,设立海沧区。笔者调入海沧区工作,负责筹建海沧区归国华侨联合会,曾参与和见证了厦门海沧华侨三都联谊会十年的发展历程。

众所周知,海沧是著名的台商投资区,也是名闻遐迩的著名侨乡。进到海沧台商投资区,现代楼宇鳞次栉比,感受发展的蓬勃大气;走进乡村,一座座美轮美奂的古民居,感受侨乡的气息。我认识侨乡是到海沧之后,跟着三都侨界的老前辈走进侨乡的历史。工作时,我结识了很多侨港澳台三都人,听了很多三都华侨的故事,梦想把过去岁月的历史痕迹留下,把故事连续下去。今得闲编著此书,践行诺言。

三都是海沧旧时地名,今厦门市海沧区的海沧街道、嵩屿街道、新阳街道(不含祥露社区)所属。位于厦门岛的西侧,港口资源得天独厚,区内设有保税港区,是中国福建自由贸易试验区的核心片区。

史上三都,龙溪人文历史发祥地,侨乡文化之源。灵山秀水,人文荟萃。清乾隆《海澄县志》记载:"宋朝科名,在三都彰彰可考。"三都境内山川名迹,唐宋"文圃三贤",诗词歌赋青史留芳。

自古以来,三都人借助天然海港优势,勇闯天涯,成就斐然。海内外三都联络局的创立、发展见证了海沧早期侨乡的沧桑历史和现代创造繁荣发展的历程。

本书的出版,幸得曾玲教授、许金顶教授、江柏炜教授、翁忠言先生、柯木林先生、陈耀威先生等海内外学者的精心指导。他们长期关注和研究海沧华侨文化,有独到的见解,特请他们评点海沧华侨历史文化,并作为本书的序,提炼侨乡历史文化精华。

《海丝乡情:厦门市海沧华侨三都联谊会纪事》,全文共分源起三都、海内外三都联络局组织、三都乡情、建功新时代等四章。以"同心同根,乡情乡约"为主题,从地理三都到侨乡三都,从侨乡形成的社会历史环境到三都联络局的诞生,其发展演化,功能融合丝海乡情,到建功新时代。力图从典籍、历史档案资料、活动记录、口述历史等采编、记述该联谊会发展轨迹,探索民间侨团的时代转型,以发挥民间侨团特色和优势,用好亲情、乡情、友情纽带,密切与海外侨胞、境外侨团的联系,凝聚侨心侨力,团结港澳台同胞,奋进新时代,同圆共享中国梦。

本书因工作之余而编写,才疏学浅,匆匆成书,错漏与不足之处在所难免,恳请指正。

魏宁当

2019 年 2 月 22 日于海沧侨联

目　　录

凡 例

作者与华侨三都联谊会理事会座谈本书的写作及出版(黄昱臻 摄)

一、坚持以习近平新时代中国特色社会主义思想为指导,坚持党的四项基本原则和实事求是的思想路线,科学分析问题和选取史料。秉持客观、科学、礼敬的态度,本着"详事则循本及未犁"的原则,挖掘和发挥侨乡文化优势,弘扬华侨爱国爱乡精神,为新时代中国特色社会主义建设,融入国家"一带一路"建设,为海沧建设国际一流海湾城区,并为编修海沧华侨志及各侨史专题研究提供有用的地情资料。

二、《海丝乡情:厦门市海沧华侨三都联谊会纪事》意在通过追溯海沧三都华侨及民间华侨组织创建百年历史，传承和弘扬华侨精神，着眼未来发展，力求历史的真实、准确。海沧华侨三都联谊会及其组成的邱、谢、杨、林四姓华侨宗亲组织对应的是马来西亚槟城三都联络局及槟城的四姓宗亲组织，这部分特邀请马来西亚研究"槟城五大姓"的学者陈耀威先生主笔。

三、厦门海沧三都华侨联谊会，曾用名"三都联络分局"对应马来西亚槟榔屿三都联络局，分别由两地对应的邱、谢、杨、林四姓族人发起创立。同时四姓均已独立注册社团组织，有自己的历史和故事，故书中四姓简略，预留分册待续。

四、口述历史充实历史资料。海沧华侨三都联谊会从清朝创办至今，经历"三都联络局"、"三都联络分局"和"华侨三都联谊会"等诸多变迁，期间因战争、动乱等原因，其历史资料全丢失。为还原历史，采用两种方法，一是在槟城侨亲的帮助下，查到了槟城三都联络局先贤保存下来的光绪年间该会工作记事簿来求证海沧三都联络局初创历史。二是在政府档案中查找有关档案，请当事人口述经过，慎重起见，本书作者亲自采访和整理并请口述人确认签名。如海沧三都联络分局于1984年经厦门郊区统战委员会批准恢复组织活动后，发起并主持重修青礁慈济东宫的过程，我们仅找到现存当年编修并申报各级文物保护单位的资料，而没有记录重修过程，特请当时参与该项工作的老同志回忆口述，并整理成文。

五、"源起三都"，作为三都侨乡形成的社会历史背景，上限从明代"三都"划入海澄县治写起，有关侨乡的特定历史及事件，仅侨乡历史的一小部分。下限至2017年为止。

六、从1896年三都联络局创立至2004年，三都联络局的原始资料严重缺失，导致无法详述各个时期发展情况。我们通过整理档案获取片断资料整合,分四个阶段简述。

　　七、"建功新时代",侧重记述海沧行政区成立以来,华侨三都联谊会服务区委、区政府工作大局,履行职责,主要活动情况,也作为新时代民间华侨社团工作的初步探讨。

致 词

陈式海致词

在长盛不衰的海上丝绸之路中,福建积累了丰厚的华侨历史文化资源。福建华侨华人足迹遍布全球,源起于他们打破社会桎梏的非凡勇气,源起于他们向外寻求生机的开拓开放精神,并凭借忍辱负重与辛勤劳作,在异域他乡站稳一席之地。传说中的三都108社先贤在大马披荆斩棘,落地生根,从槟城开埠,距今两百余年里历经风浪,侨亲社团纷立,人事几经更迭,隽刻下三都不凡的记忆,更创造了槟城传奇,在海外华侨史上留下厚重一笔。

历史不能间断,后人自当传承。作者纂述此书,以做学问的严谨态度,厘清关系理顺脉络,行文立体、连贯、全面,既为普通读者系统地呈现海外海沧人史事,也为相关研究工作提供翔实的学术资料;既省思过往,又谋划未来;既是对福侨文化的解读,亦是对福侨精神的传扬。

在此,愿作者一番心力,读者能深切体悟。108社的名单,已成为身在异乡的海沧人的一份念想,飘荡在海沧不同的时空里,在念想之余,我辈尤需上下而求索,勇毅而笃行。

陈式海

2019 年 1 月 2 日

(陈式海,福建省归国华侨联合会主席)

潘少銮致词

庆贺"海丝乡情"出版

沧海连丝路

海沧情归处

潘少銮

2018.12

（潘少銮，厦门市归国华侨联合会主席）

林中鸿致词

海沧华侨三都联谊会(前身是海沧三都联络局)创始至今已逾百年。追溯至清朝中晚期,众多海沧籍乡民,背井离乡,漂洋过海,泊居南洋谋生,凭借勤劳的双手和智慧,创立家园,与当地人和睦相处,立足他国,并为居住国的经济建设,社会繁荣做出不可磨灭的贡献,用血汗泪水铸就了海沧先民下南洋的华侨史。拳拳赤子心,身在异国,心系故土,始终不忘为发展家乡经济建设,发展教育,赈灾救困而慷慨解囊,在危难时候,海沧与槟城两地乡亲携手成立三都局联络组织,开启两地往来新篇章。此善举,在当时传为佳话,乡民称颂。

在祖国面貌日新月异,日益繁荣昌盛的今天,我们不会忘记千千万万的海外侨胞在各个历史时期,为祖国的建设、为祖国的繁荣昌盛而奉献出自己的一份力量,涌现出许许多多感人的故事与人物。为了弘扬海沧籍华人华侨的爱国爱乡情怀,为彪炳他们对家乡的无私奉献,以激励后人,追踪寻迹,力求真实史料,记述历史,图文并茂,把他们的丰采展现于世。此动议,得到海沧区侨联杨建良主席的重视与支持,也得到了有关教授、专家学者的赞许与相助,并由魏宁当原主席执笔编辑,梳理成册。

《海丝乡情:厦门市海沧华侨三都联谊会纪事》一书的出版,为海沧华侨三都联谊会存史，也为海沧华侨史增添新篇章。

林中鸿

（林中鸿，原厦门市海沧区侨联副主席，华侨三都联谊会董事长）

华侨三都联谊会召开理事会会议

杨建良致词

为纪念海沧华侨三都联谊会的悠久历史,海沧区侨联调研员、区侨联侨史研究会副主任魏宁当编写了《海丝乡情:厦门市海沧华侨三都联谊会纪事》一书,这是区侨联系统贯彻落实党中央对侨联工作"弘扬中华文化,推动中外文明交流共鉴"指示精神的具体行动。

海沧古属漳州府海澄县与泉州府同安县,原属漳州海澄的海外侨民均以"三都"称之。明末清初,众多海沧先民往南洋各国谋生,使海沧成为闻名遐迩的侨乡。为进一步加强海内外三都人的联系,肇始于清末的"三都联络局"正是在这样的契机下诞生的,期间虽因战争、动乱等原因联系中断,但自1984年"海沧华侨三都联络分局"成立,中断已久的海内外联系随即又恢复了。

历史上海外华侨披荆斩棘,不畏艰难,纵使历经再多的困难,远在万里的"唐山"是他们永远的精神家园。他们在居住国积极融入当地社会,同时热心支持家乡的革命和建设,如海沧华侨三都联谊会则是连接国内外的纽带,积极投身家乡建设伟大事业中,树立华侨爱国爱乡的优良传统。海沧华侨联谊会利用海外侨资,造福桑梓,功在千秋。

本书耗费了作者大量的心力,他多次赴漳州市图书馆、龙海市侨联、龙海市档案馆等地调研,取得第一手的资料,并向漳州、龙海等地的侨史研究专家请益,同时与海沧众多老侨务工作者做口述历史。在历史档案奇缺的情况下,做到了实地调查与口述历史相结合,尽最大努力还原海沧华侨三都联谊会来龙去脉,实属难得。

前事不忘,后事之师。时值侨联系统组织学习贯彻习近平新时代中国特色社会主义侨务思想之时,我们要自觉以习近平新时代中国特色社会主义思想为指引,广大归侨侨眷和海外侨胞始终同祖国同呼吸、共命运,发挥独特优势,做出积极贡献。重温海沧华侨三都联谊会历史,有助于我们更好地理解历史以来三都人爱国爱乡的赤子情怀,自强不息的奋斗精神,构建海内外宗亲文化桥梁,弘扬中华文化,共圆中国梦,传播中国好声音,讲好海沧故事,为海沧打造人文高地贡献三都人的力量。

杨建良

（杨建良,厦门市海沧区归国华侨联合会主席）

温子开致词

欣闻《海丝乡情：厦门市海沧华侨三都联谊会纪事》一书出版，甚是高兴。谨以我本人并马来西亚槟城三都联络局全体同仁表示热烈祝贺。

海沧先民在明末清初，成群结队，历经千难万险，迁移马来西亚槟城，落地生根，奋斗拼搏。数代繁衍，今有数万人居住在这里。虽历200多年，但故乡三都根植槟城三都人心中，始终是旅外游子魂牵梦萦的归处。"两处春光同日尽，居人思客客思家"，祈盼故乡兴盛发达，人民安好！

马来西亚槟城三都联络局是一百多年前，由三都先贤创立，是旅外乡亲共同的家。创立时与祖地三都联络分局有过密切的联系，但因战争等原因中断联络多年，组织资料丢失，两地联络局组织失去联系，直到中国改革开放以后，我们又重新联络。百年前，因各种原因，先辈远渡重洋，很多人漂泊世界各地，终没有能回到家乡。祖辈口口相传，我们来自海澄三都，落叶归根是中国人的传统思想，寻根是先人的夙愿，但由于先前的信息非常少，世间变化万千，遗憾难圆寻根梦。今天华侨三都联谊会的历史资料编撰出版，可喜可贺。

2005年是马来西亚槟城三都联络局成立105周年纪念，我受三都局委托，收集整理有关历史资料，出版纪念特刊。为了寻找资料，多次来到海沧，幸得海沧华侨三都联谊会的热情接待和帮助。每次回去，看到故乡"一日千里"迅猛发展，变化日新月异，倍感自豪。特别欣慰的是，2005年，家乡海沧区政府派区侨联和华侨三都联谊会代表团来槟城参加庆典，告诉我们，以前的三都现在隶属厦门海沧。之后，历届保生慈济文化节政府都邀请我们参加，并得到盛情款待，两地侨团组织和乡亲的联系更加密切。

21世纪，中华民族伟大复兴时代，中国政府倡议"一带一路"，构建人类命运共同体，海内外中华儿女共享共圆中国梦，深入人心。我们愿尽绵力，为中马两国人民的友好做贡献，为槟城、海沧两地联谊联络牵线搭桥。

月是故乡明。祝愿海沧华侨三都联谊会会务蒸蒸日上，家乡父老乡亲幸福安康！

温子开

（温子开，马来西亚槟榔州福建会馆主席，三都联络局信理员）

序言

序 一

曾 玲

在东南亚华人研究领域里,侨乡是一个备受海内外学术界关注的课题。其所以如此,主要是因为侨乡研究涉及近现代中国海外移民史、近现代以来东南亚华人与祖籍国中国的政治经济文化关系及其演化,以及包括地缘、血缘、神缘等在内的华人与祖籍原乡之间存在的根脉纽带等诸多重要问题的讨论与研究。

历史上位于被称为"海澄三都"地域内的厦门海沧,是华南著名的侨乡之一。根据陈达的研究,三都人最早移民海外,至少可追溯到元末明初。鸦片战争以后的 100 年,三都移民的足迹遍布今天的马来西亚、新加坡、越南、缅甸、印度尼西亚、菲律宾、泰国、台湾、香港、澳门等地。其中早为学界熟悉并已展开研究的马来西亚槟城五大姓,其祖籍原乡就在海沧。事实上,研究者对海沧与槟城三都人的关注,还因为同时存在于两地的三都联络局。而海沧三都联络局,这个至少在 19 世纪八九十年代即已存在,迄今已在中国与东南亚时空变迁脉络下走过一个多世纪曲折历程的民间社团,则是华南侨乡中唯一一个跨越和维系东南亚华人与祖籍原乡关系的制度化组织机构。然而受制于社会变迁、文献缺乏等诸多原因,到目前为止,学界对于槟城与海沧两地的三都联络局并无太多研究,尤其是对于祖籍地的三都联络局在 1949

年新中国成立以来70年的状况更所知甚少。魏宁当编著的《海丝乡情：厦门市海沧华侨三都联谊会纪事》（以下简称"纪事"），是有关该课题研究具学术价值的尝试。

魏宁当女士是一位政府侨务官员。当2004年厦门海沧区侨联成立，魏宁当为第一任侨联主席。从2004年至2014年，她在十年任期内，贯彻执行国家各项侨务政策，对内重振包括三都联络局在内的海沧各类传统华侨社团，对外则致力推动重建海沧侨乡与东南亚华人的社会文化联系。自海沧区侨联主席任内退下后，魏宁当在工作之余，转而尝试以侨史研究方式，继续推动厦门海沧区的各项侨务。这部《纪事》，既是魏宁当任内参与并见证包括三都联络局十年发展在内的海沧区侨务工作的记录，也是她试图以学者的视角与方法研究海沧华侨史的心得之作。

鉴于文献资料缺乏是该课题研究的一大难题，《纪事》一书做了有益的尝试。该书涉及槟城与海沧两地的三都联络局。在槟城方面，由魏宁当特邀的槟城当地学者陈耀威，主要运用槟城三都联络局编撰的《马来西亚槟榔屿三都联络局105周年纪念特刊》和口述访谈资料，考察该社团从1900年创办至21世纪初的历史演化过程。在海沧方面，魏宁当在数年的研究中尽其所能挖掘包括方志、政府侨务档案、海沧三都联络局章程与会议记录、海沧区内与三都联络局相关的照片，以及口述访谈等各类文献与资料。从本书所阐述的内容来看，通过对这些文献的收集整理与解读，有助于重现到目前为止还不被了解的海沧三都联络局的历史全貌。例如，从保存下来的海沧沧江小学史料与照片，可见1939年三都联络分局的运作。根据政府的侨务档案，20世纪50年代至"文革"前十数年，海沧三都联络分局已与槟城三都联络局中断关系，改名为"华侨三都联谊会"，并与属下社团在新中国成立以来的时空环境下继续运作;而遭遇"文革"浩劫的华侨三都联谊会,自1984年恢复活动后,即被纳入政府的侨联体系,并在其统领下展开会务。

在上述收集与整理资料工作基础上,《纪事》在近现代以来中国与东南亚历史与社会变迁的时空脉络下,梳理三都联络局从19世纪末至改革开放以来一个多世纪所历经的艰难曲折的发展进程;考察改革开放以来,在海沧侨乡与东南亚华人重建社会文化联系的过程中,包括三都联络局在内的传统华侨社团所发挥的桥梁作用;讨论了祖籍地缘、血缘宗亲等根脉文化对于增强海外华人的中华文化认同,促进华人所在国与祖籍国中国的友好往来与经贸文化联系的重要意义,等等。

当然,作为一位侨务工作者初入侨史研究领域之作,《纪事》还有不少可进一步深入研究的内容。例如,关于海沧三都联络局确切创办年代的考订,二战前槟城与海沧两地三都联络局具体的运作与功能,新中国成立以来三都联络局的转型与海沧侨乡的社会变迁,等等,这些都有待更多资料的发掘与研究。另外,《纪事》在章节段落的编排、内容文字的叙述等方面,还有一些可斟酌与推敲之处。

综上所述,由魏宁当编著的《纪事》,为中国侨乡研究提供一个有价值的个案。通过该书对三都联络局的初步考察,将有助于学界与社会了解近现代以来在中国与东南亚多元时空变迁下的侨乡及其涉及的许多相关课题。

是为序。

2019 年 2 月 15 日

(曾玲,厦门大学人文学院历史系教授)

序　二

许金顶

　　新世纪以来,侨史研究进入了快速发展的阶段,但侨史研究的继承与创新成为时代的难题,摆在众人面前,无法回避。有鉴于此,我们倡导在相关学术研究中继承以往的学术传统,系统收集海内外的相关历史文献资料,建立华侨华人社会生活史研究资料库;倡导在历时性的视野下,动态考察华侨跨国生存的历史过程,审视华侨与侨乡的内在历史联系,揭示侨乡社会文化变迁的内在机制;倡导深入开展海外华侨社会及其对所在国社会发展的贡献研究,进而揭示中华传统文化在海外传承机制;倡导构建以人为本的华侨华人社会生活史,形成新的学术积累与学科发展方向。当务之急在于侨史研究资料资料库的创建,这已成为学界同仁的共识。海内外同仁深感基础资料的缺乏,均在不同区域,以不同方式,各自开展相关侨史基础资料的收集整理,以期有效推进创新侨史研究。

　　宁当君的《海丝乡情:厦门市海沧华侨三都联谊会纪事》一书恰当其时,极富时代性。该书基于地方文献、档案材料及工作实际,本着真实记录历史的原则,依时序梳理三都华侨联谊会的历史脉络,如实展现其社会功能,为后续开展侨团实证性研究奠定基础。令人感佩的还在于阅读此书,深感宁当君作为归侨侨眷来从事侨务工作,一则更能切身体会了解侨情之必要和践行为侨服务之初心,在坚持做好侨务工作记录的基础上,形成侨务工作实录,即时保留了侨团工作实态,留下珍贵史料;二则亦能结合实际工作,深度理会相关涉侨法规,提出"乡情乡约"之理念,广泛联结海内外侨亲,共同关心侨乡各项建设和侨史研究,促进侨务工作的不断开拓前行。惟其而言,此次宁当君以学术精神反思实际侨务工作,以实证材料为基础创作的佳作,实为难得,应能鼓励第一线的侨务工作者进一步重视历史及"即时"的史料收集整理,促进有关机构参与建立动态侨史研究资料资料库,为探求本土侨史研究方法与理论,构建以人为本的华侨社会生活史做出应有的贡献。

2018 年 12 月

于华侨大学

（许金顶,华侨大学教授）

序 三

柯木林

1819 年开埠前,新加坡还只是一个一百多人的渔村。19 世纪初,英国东印度公司选择这里为商港与贸易城市,可说是近代新加坡历史的开始。为进行开发,吸引各地移民。南来移民包括来自马来亚、中国和印度等国家,其中以中国移民最多。自 1830 年开始,从中国沿海各省,如福建、广东及海南岛等地来的华人,一直是新加坡的最大移民群。

海沧三都地处中国东南沿海,历史上就是著名的侨乡。光绪二十二年(1896 年)设置三都联络局,这是一个民间组织,目的在防盗匪,保护乡民,并联络海外族人支持家乡。可见百多年来三都一直是侨乡重镇。

居住在三都的人民,长期与海洋为伍,有着不畏艰难的冒险与奋斗精神,为了寻求美好生活,他们漂洋过海来到南洋地区。三州府(叻屿呷)在地理位置上是东西交通汇点,当然是他们选择的对象。因此三州府,尤其是槟城与新加坡两地有不少三都人士聚居。今天槟城仍然有"三都联络局"这样一个跨越槟城与三都侨乡的制度化机构。以新加坡而言,三都人在新加坡历史上占有一席之地,这与当年的殖民地政策颇有关系。

新加坡一开埠就制定自由港与自由贸易政策,鼓励经济发展,这意味着商人的地位要比其他阶级重要,商人阶级是新加坡社会的中坚分子。自由港、商业至上和商人至上不但决定了殖民地时代新加坡的经济体系、商业社会的本质,也影响了华社领导层的模式。财富、威望和权势成为海外华人社会的主要价值观。林推迁(Lim Chwee Chian,1868—1923)是新加坡华社领袖,属于这类人物。

林推迁,三都海沧人,新加坡中华商务总会创始人之一,1923 年任会长。他也是怡和轩俱乐部首任总理,和丰银行董事。1912 年任英国殖民地政府保良局局员、华人参事局参事,以及同济医院、爱同学校、中华女校、南洋女子学校、新加坡南洋华侨中学、丁加奴中华学校、维新学校的赞助人、董事或总理等职。英殖民政府为表彰他发展新加坡社会经济的功绩,以一道路命名为推迁路,并将该路的尽头山地命名为推迁花园。

丘菽园(Khoo Seok Wan,1874—1941),比林推迁小 6 岁,三都新垵人,光绪二十年(1894 年)举人。1895 年,继承父亲 70 万元的巨额遗产,成为富二代的新加坡殷商。他自号星洲寓公,创办《天南新报》,自任总理(即社长)兼总主笔,宣传维新思想。1905 年后潜心研究清末新小说,曾任《星洲日报》副刊主任,主要著作有两部诗集《菽园诗集》、《啸虹生诗钞》和两部笔记《菽园赘谈》、《五百石洞天挥麈》。丘菽园是三都籍人士在新加坡唯一的文坛泰斗,是 20 世纪初期新加坡的著名报人和诗人,有"南洋才子"和"南国诗宗"的美誉。现有路名菽园弄就是纪念他的。

1892 年 9 月 27 日和 10 月 14 日的《叻报》,报道了谢安祥(Chia Ann Siang,1832—1892)去世及安葬的消息。谢安祥是 1892 年 9 月

23日(星期五)下午六点半辞世,1892年10月26日(星期三)发引,葬武吉智马路自家椰园。其墓地于2012年9月18日被发现,具体位置在圣约瑟书院与新加坡女中学之间的一片丛林中。

谢安祥,三都石塘人,新加坡大地主及富商,经营土产及出入口生意。新加坡有安祥路及安祥山纪念他。其千金适薛有礼,薛有礼是新加坡乃至全东南亚首份华文日报《叻报》的创办人。

三都籍人士在新加坡的佼佼者当然是林文庆(Lim Boon Keng,1868—1957)。新加坡历史少了林文庆就是缺了一大块。林文庆是英女皇奖学金得主,西医、社会活动家,海峡殖民地立法议员、太平局绅。1897年创立华人银行及其他工商企业,他也是《海峡华人杂志》的创办人之一,在新加坡及中国推动社会及教育改革,曾任厦门大学校长17年。有关林文庆的资料很多,这里不再赘述。

不同类型的三都籍人士,在商业、文化、政界等领域各领风骚,在新加坡的历史舞台上扮演重要角色。海外三都人由于特殊国情,许多人只知祖籍福建而没有细到乡镇的概念。如果《海丝乡情:厦门市海沧三都联谊会纪事》一书的出版能唤起他们的认知,则百年前先辈们所创办的三都联络局,又可再度发挥其社会功能。

(柯木林,祖籍福建省厦门市海沧人,新加坡知名学者。现任新加坡宗乡会馆联合总会理事兼学术委员会主任,新加坡国家图书馆咨询委员会、新加坡华族文化中心学术委员会委员)

序　四

江柏炜

　　海沧曾为闽南区域的重要港口城市,不但是台湾移民的祖籍地之一,也是东南亚各地华侨华人的原乡,人群的移动、贸易的往来、社会的变迁等,相当广泛且频繁。这也说明着,近 500 年来海沧所代表闽南文化,不只是一种地域文化(local culture),更是一种跨境/跨国文化(translocal/transnational culture)。海沧,可谓早期全球化下的一个历史现场,值得我们重视。

　　进一步说,闽南海外移民一方面将庶民文化带到异地,进而融合、演绎与创造,成为华人文化多样性的表现;另一方面他们也吸纳南洋殖民者的现代性(modernity)及马来族、印度族等异族文化,通过侨汇经济等影响,造就侨乡社会拥有生机勃勃的文化面貌。

　　说明上述理论概念,其实并不复杂。每位海沧海外移民及其家族背后所承载的动人故事,以及海外乡团组织重构社群边界、将异乡转化为新家园之社会实践,还有我们在海沧所看到各种侨房(侨汇所兴建之闽南合院、洋楼等)、祠庙等,在在呈现着社群文化的跨境/跨国流动。它既是大历史,也是小故事,书写着海沧的移民记忆与侨乡网络,也是书写着闽南区域史、近代中国史、东南亚史、世界史的一页篇章。

这本书呈现了三都的地理环境、社会与人口等变迁，铺陈了海沧作为侨乡社会的历史机遇及其必然性。接着以马来西亚槟城三都联络局与本地三都联络分局（现厦门市海沧华侨三都联谊会）的历史互动、现况联结等，引介了侨乡网络的建构及发展。进而从社会网络的视角，分析了改革开放以来侨团、宗亲等地缘、血缘关系的重新联结，提到海外乡亲参与家乡建设、从事社会公益等事迹，以及海沧侨联搭建平台、维护侨益、深化交流等努力。最后回顾华侨华人作为海沧一种历史文化遗产，如何传承及发扬，也勾勒出海沧未来发展的远景，提出文化永续的展望。

我多次前往槟城与海沧考察，了解到横跨两地的三都联络局及三都联络分局的历史运作，佩服海沧侨联历任领导对于重建侨乡网络、再造侨乡荣光的卓越贡献。这本书可以帮助我们读到了历史的点点滴滴，也让大家看到海沧崭新的文化气势。愿向大家推荐。

乐为序。

敬启

2019 年 1 月 9 日

（江柏炜，台湾大学博士毕业，现任台湾师范大学东亚学系教授兼系主任）

第一章

源起三都

三都,一个古老的名字,唤醒海沧遥远的记忆。

华侨三都联谊会(三都联络分局),一个多世纪的风华岁月,承载历史的传承,未来的连接。

历史上,三都人走南闯北,劈波斩浪下南洋,行走海上丝绸之路。

华侨史上,三都华侨先贤创建海沧、槟城两地联络局组织。华侨沟通海沧与海外经贸文化的联结,积淀海沧深厚的华侨文化底蕴,造就独特的华侨宗亲文化,源于当时特殊的地理环境和人文历史。

三都的历史久远,本章从三都其名说起。

一、地理环境

(一)舆 地

据《海澄县地图说》描述:"由海门入,直行而西抵郡治,则县属之一二三都悬隔在水之北。"扼漳东南之咽喉。

海沧乡、金霞乡（今海沧、新阳地区）在海澄县的位置境域图

　　根据历史文献记载，海沧三都历史上隶属龙溪县、海澄县，即南北朝梁武帝大同六年（540年）隶属南安郡龙溪县，明嘉靖四十四年（1565年）入海澄县。漳州漳浦县原设都图（设里甲），龙溪一、二、三都统图十三，宋永宁乡新恩里。海澄县初设坊里（三坊五里），三都为第四里、第五里。

　　据乾隆《海澄县志》记载，海澄县第四里一都、二都、三都置永昌、集兴上半、集兴下半、崇隆、新垵5保。永昌保领25社：前埔、林厝、古楼、王厝、上窑、青礁、岑街、过田、何山兜、田厝、暗厂、龙店、官宅、洪坑、卢堂、廖坑、鸿江、卢坑、许蓝头、马埭头、柯井、渐后、后安、瓷窑、院前；集兴上半保领22社：石囷、坑里、雍厝、大埕、后山尾、温厝、马垅、赤口、陵坑、徐坑、大观后、石仓、坑边、长园、萧坑、草仔尾、坂尾、西陵坑、山仔、石囷山后、毛蟹圹、陈都尾；集兴下半保（澄瀛甲）领20社：衙里、后井、内坑、石甲头、澳头、蓝尾、郑边、前庵、杨厝、钱屿、埭头、屿

20

头、洪坑内、垺口、京口、坑内、岭上、盐水下、寨前、嵩屿;崇隆保领22社:海沧、山头、庙兜、大路头、长屿、柯厝、钟林尾、东坑、郭厝、下尾、铁锡后、水头、英厝、马内坑、排头、田边、林埭头、蔡岭、石林兜、山尾、楼口、吴贯;新埠保领10社:统下场、下尾、林东叶厝、山狗吼、林东、马厝、许厝、上曾、邱厝、田边。

上述共99社,至1896年三都联络局创立时三都108社,相差9社。据许瑞发介绍,现有3社未见记载,它们是马坑、杨厝、过山。

(二)港 口

临江临港是三都自然优越的地理环境,小小区域,诸多港口、渡口。当年,华侨回乡建房部分建筑用的砖、木材、家具等,在东南亚采购船运回来。现在海沧仍保留有旧时的渡口、码头。祖辈也传说,以前新埠小船开到家门口。

东屿渡口

排头渡口

石塘渡口

嵩屿渡口

贞庵渡口

海沧镇低潮渡口

海沧港内衙里内坑渡口

海沧旧码头、渡口遗址照片（陈沧山 提供）

据乾隆《海澄县志》记载，明代海澄县有 4 个港口，11 个渡口，田地多为斥卤之地，不宜耕作。后经多次筑堤填地，增加耕地。

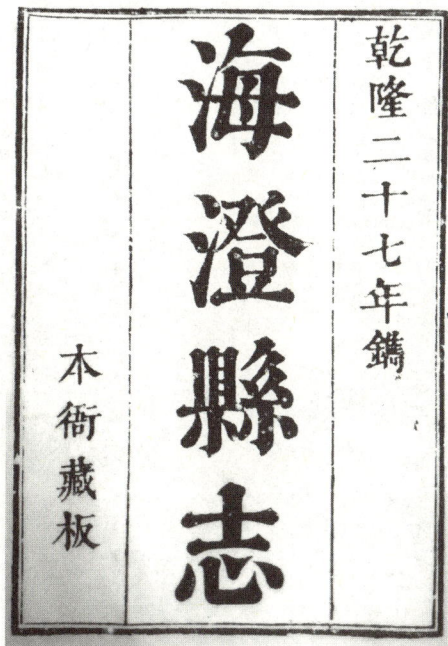

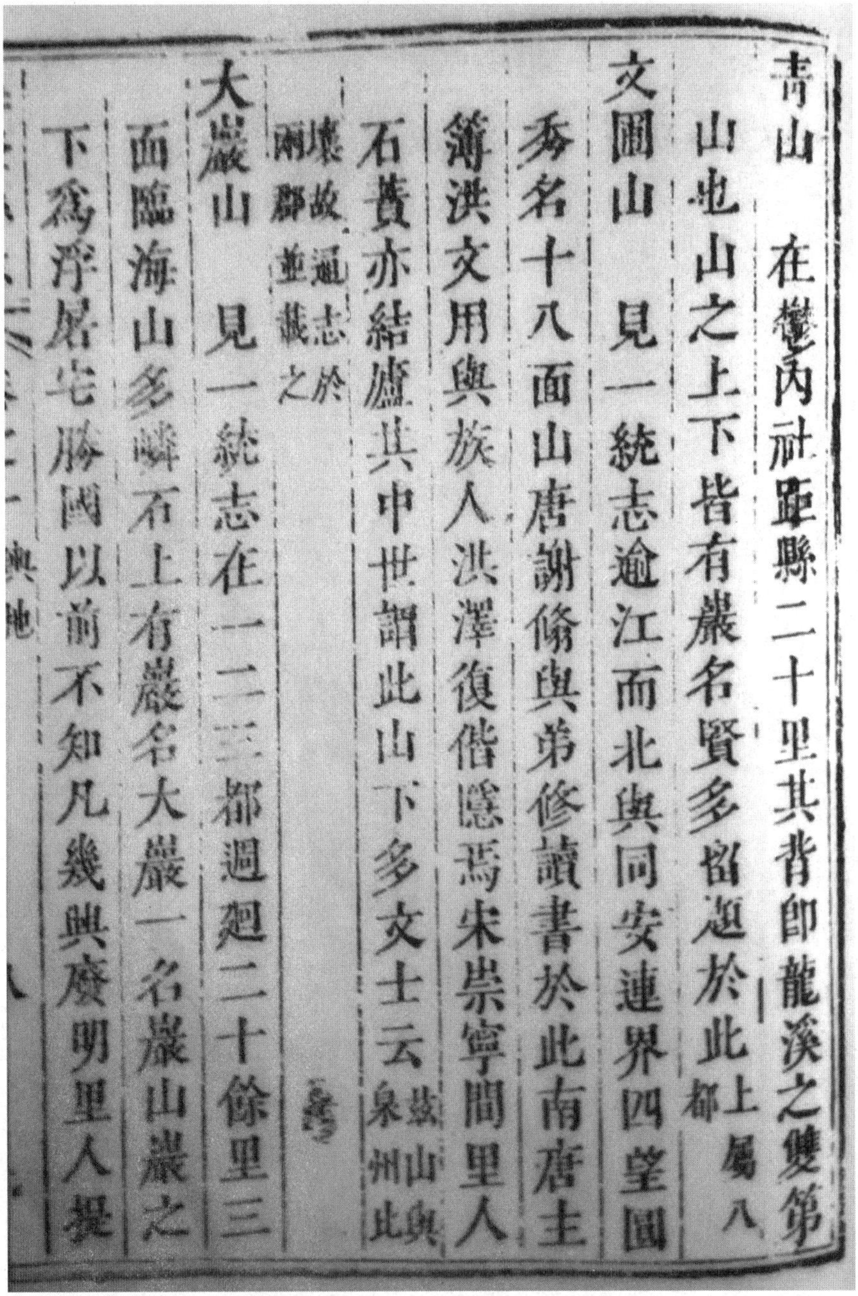

青山　在鬖內社距縣二十里其背卽龍溪之雙第

山屯山之上下皆有菴名賢多留題於此上屬八
都

文圃山　見一統志逾江而北與同安連界四望圓

秀名十八面山唐謝儵與弟修讀書於此南唐主

簿洪文用與族人洪澤復偕隱焉宋崇寧間里人

石蕡亦結廬其中世謂此山下多文士云泉州此
鼇山與

壤故通志兩郡董載之於
此

大巖山　見一統志在一二三都週迴二十餘里三

面臨海山多麟石上有巖名大巖一名巖山巖之

下爲浮居宅勝國以前不知凡幾與廳明里人提
輿地

乾隆《海澄具志》关干三都的历史记载

26

表 1-1 古三都港口和渡口

港 口	海沧港、东头港、箕笃港、鸿江港
渡 口	海沧、衙里、沙坂、新垵、溪水、吾贯、东坑、卢坑、嵩屿、赤石、崎尾

据《福建省志·华侨志》记述:元末,泉州后渚港淤积衰落,至明初漳州海澄月港兴起。19 世纪中期,厦门港兴起,月港衰落。斗转星移,潮起潮落,三都天然港口资源得天独厚,也是投资创业的理想之地,先贤就曾设想在此建设东方大港。

厦门是海上丝绸之路的节点,三都拥有港口地利,在明清时期,曾经创造海上丝绸之路的辉煌。盛时"十年生聚,十年教训。鱼盐蜃蛤取之无尽之藏,粳秫稻粱积之不竭之用,行见间阎朴地,舸舰迷津,人诗书而家缨弁,宁惟是尔"。[①]

2017 年,海沧区为纪念周起元拍摄的记录片《海洋之子——周起元》,展示了海沧在海上丝绸之路曾经创造辉煌的故事。

(三)边 防

明代漳州月港兴起,三都是月港重要的商贸部分,兴时商贸发达,寇乱时四郊云扰,滨海兵燹,命运多舛,民多漂泊。史载:"明正德年间,豪民私造巨船,揭帆外国,交易射利,因而诱寇内讧,法绳不能止。嘉靖九年(1530 年),巡抚都御使胡琏议移巡海道驻漳,弹压之,于海沧置安边馆,岁择诸郡别驾一员,镇其地。"

---

① 乾隆《海澄县志》卷一,李敬之癸西志旧序,第 8 页。

"澄地防海寇,则海门沿海为重地。"乾隆《海澄县志·兵防志》详记三都境内设圭屿城、濠门司城、海沧安边馆,境内布满墩台、堡、寨、土楼等防御工事。

寇乱致海疆动荡,民无宁日,"数年来海禁戒,民难聊生"。地方兵民长期与寇匪做斗争,出了很多武将。乾隆《海澄县志》之"人物志"、"艺文志"记录了"单枪匹马闯匪窝"、"攻下金澎三十六岛直捣台湾黑胶崖"等精彩的故事。民间有供奉祭祀历史名将谢安、谢玄、张巡、许远等习俗,而且被旅外乡亲带到槟城缅甸和台湾宗庙供奉,祈福保一方平安。

晚清政府腐败,海疆不保。如光绪二十二年(1896年)《三都联络原序》云:"海澄海疆,一僻壤也。为朝廷所亟备防御之处,又为不易备防御之处。"寇匪之患严重,百姓身家性命难保,于是海内外乡亲自发成立乡团组织,守护家乡父老乡亲。在乡绅父老的号召下,于光绪二十二年(1896年)成立三都联络局组织。

100多年来,世界风云变化。新中国成立后,三都联络局几易名称,2004年改称华侨三都联谊会。华侨三都联谊会根植于海沧这片土地,无数的故事被历史尘封或消失,但华侨文化精神一代一代传承着。联谊会百年的历史,就是海沧华侨史的一个缩影。

二、社会与人口变迁

(一)建置沿革

三都地域自明嘉靖四十四年(1565年)从龙溪县析设海澄县后,行政隶属关系多次变更。

据乾隆《海澄县志》记载,明嘉靖四十四年(1565 年),李英奏请设立海澄县。"听选官李英等谨奏,为添设县治以救生灵以弥寇乱事"①;"割龙溪一都至九都及二十八都之五图并漳浦二十三都之九图凑立一县,时嘉靖四十四年(1565 年)也"②。次年(1566 年),立县筹备工作就绪,奏邑名"海澄",寓意"海疆澄静"。"澄籍居十之三名三都者。"③

自民国二十九年(1940 年)开始,三都行政隶属变迁如下④:

民国二十九年(1940 年),今海沧地为海澄县第四区(驻海沧)设海沧镇、金钟乡、金霞乡。

民国三十一年(1942 年)7 月,海澄县第四区改为海沧区。

民国三十四年(1945 年),海澄县撤区,所辖乡镇直属海澄县。民国三十五年(1946 年)5 月,海澄县调整乡镇保甲,三都有海沧、金霞 2 乡。民国三十六年(1947 年)海沧乡领 12 保,金霞乡领 14 保。

1949 年中华人民共和国成立后,今海沧街道、新阳街道地域属海澄县第四区(区公所驻海沧)。

1952 年 7 月,海澄县第四区辖 12 乡:海沧、青礁、囷瑶、锦里、贞庵、温厝、渐美、石塘、东屿、鳌冠、霞阳、新垵。

1958 年 4 月,海澄县撤海沧区,原海澄县海沧区改为海沧、新垵 2 乡。1958 年 8 月,海澄县海沧、新垵 2 乡划归厦门市郊区,置海沧人民公社。厦门市海沧乡人民公社下设海沧、后井、贞庵、温厝、渐美、东屿、钟山、石塘、青礁、囷瑶、锦里、鳌冠、霞阳、新垵 14 个大队和古楼农场。

---

① 乾隆《海澄县志》卷二十一,《艺文志》,李英请设县治疏,第 1 页。
② 乾隆《海澄县志》卷一,《舆地志·建置》,第 2 页。
③ 乾隆《海澄县志》卷二十一,《艺文志》,梁兆阳三都建义仓奏记,第 1 页。
④ 《厦门市海沧区志》,第 48~49 页。

1961 年 10 月,厦门市郊区海沧人民公社析设厦门市郊区锦里、渐美 2 个人民公社。同年,厦门市郊区海沧人民公社的霞阳、新垵大队改隶厦门市郊区杏林人民公社。

1964 年 5 月,锦里、渐美人民公社复并为厦门市郊区海沧人民公社。

1966 年,厦门市郊区海沧人民公社海沧大队的海沧街区析设海沧居委会。

1978 年 9 月,杏林人民公社(杏林镇)由厦门市郊区划出,另设置厦门市杏林区。

1984 年 9 月,海沧人民公社改制为乡,所属大队改为建制村。

1987 年 12 月,厦门市集美区海沧乡撤乡改为厦门市集美区海沧镇。

1996 年 1 月,厦门市集美区海沧镇改隶厦门市杏林区。

2000 年 7 月,厦门市杏林区海沧镇、杏林镇的霞阳、新垵两个村,东孚镇的祥露村、厦门海沧农场、厦门工农盐场划由厦门海沧台商投资区管理委员会管理。

2003 年 8 月,海沧区成立。原三都地域现为厦门市海沧区海沧街道、嵩屿街道、新阳街道(不含祥露社区)、海沧港区。

(二)人口迁移

1. 迁民入沧

往前推移,从中原入闽开始,据陈达《南洋华侨与闽粤社会》著述,林谞《闽中记》载:"永嘉之乱,中原士族林、黄、陈、郑四姓皆入闽。"后梁太祖封王审知为闽王,中原人士往闽者渐众。三都在唐宋时期为滨海一聚落,开发较晚,主要姓氏入沧概况如表 1-2 所列。这里主要列举与三都联络局组织有关的姓氏,其他详细姓氏迁徙可参阅廖艺聪编著的《海沧姓氏源流》(厦门大学出版社,2016 年)。

表 1-2　主要姓氏的入沧时间表

姓氏村庄	入 沧 时 间	迁出地(堂 号)	开基祖
青礁颜氏	北宋庆历年间 (1041—1048 年)	永春卓埔(今达埔) (开漳堂)	颜 恺
新垵邱氏	元朝末年	厦门曾厝垵(诒榖堂)	曾 明
霞阳杨氏	元朝末年	后溪(植德堂)	杨德卿
石塘谢氏	南宋绍定元年 (1228 年)	海澄豆巷(世德堂)	谢铭欣
鳌冠林氏	元末明初	莆田(敦本堂暨勉述堂)	林 让
温厝温氏	明洪武年间	平和芦溪	温 礼
柯井张氏	南宋末年	龙溪(今龙海市角美镇崎巷社)	张宝庵

资料来源:许金顶主编:《同心同根,乡情乡约:厦门海沧侨台宗亲文化展》,2014 年 4 月。

2.下南洋[①]

明末清初,寇乱匪患严重。三都民有"三惧寇祸,加之军旅绎骚,迁界失业,疮痍载路,展转相仍"。明中下叶至清末,龙溪、海澄两县人出国侨居,常常结伴成群而行,在异国他乡聚族或聚乡而居。道光元

---

① 所谓南洋,泛指东南亚,包括太平洋西部印度洋东部的半岛及海岛,如菲律宾群岛、印度尼西亚群岛、马来西亚、新加坡、泰国、缅甸、中南半岛等。

年(1821年)，"海澄海沧乡有一批族人前往马来西亚槟榔屿"[①]。随着移民人数的增多，新坡邱氏(诒毂堂)、霞阳杨氏(植德堂)、石塘谢氏(世德堂)、鳌冠林氏(敦本堂暨勉述堂)，在居住地落地生根并建立了以血缘、地域为纽带的华侨(宗亲)社团组织。在槟榔屿的宗亲组织称为"公司"，后为三都联络局发起成立单位。

据陈达的《南洋华侨与闽粤社会》记叙："三都人移民海外，可分数时期：唐宋以来，既不可考，惟新安族谱载元末明初邱毛德通番事，则是时荷兰、葡萄牙海舶间至者。又载明嘉靖六年(1527年)，丘某客死马来半岛。隆庆间有赴吕宋，万历间有往交趾经商者。"

元末明初，龙溪县邱姓、谢姓不少人远渡重洋通番。据龙溪县新坡《邱氏族谱》、海沧石塘《谢氏家乘》记述，邱、谢两姓族人分别到达马来半岛、西爪哇、苏门答腊、菲律宾、暹罗、交趾及日本等国家。

明万历四十年(1612年)，海澄县人颜思齐、陈衷纪等人到日本谋生，颜思齐成为旅日华侨首领，称为"甲螺"。[②] 颜思齐后率船队登陆台湾北港开垦，被誉为开台王。

明隆庆元年(1567年)，福建巡抚涂泽民关于开放"海禁"奏请得到朝廷的批准后，月港开放为通商港口，准许沿海商民走出去，出海做生意。月港对外贸易日益兴旺，三都人移居东南亚、台湾等地也日益增多。迁居台湾，除了颜氏，还有邱氏、杨氏、谢氏等族人，缘由与早期去东南亚的有所不同。

---

① 《龙海县志》卷三十四，《华侨》，第936～937页。
② 《龙海县志》卷三十四，《华侨》，第936～937页。

表 1-3　邱、杨、谢三姓迁台时间表

姓氏	聚居地	时间	原　因
邱氏	台南笃加村	清雍正年间	二兄弟赴台谋生
杨氏	台南佳里镇番仔僚村	清顺治十八年（1661 年）	随郑成功入台
谢氏	台南、台中、台北		大多数从石塘迁到其他地方再迁入台

海沧华侨遍布世界各地，这里仅简要介绍与三都联络局关联的海沧先民迁徙海外，在马来西亚槟城闻名的邱、谢、杨、林四姓的迁播和世界各地分布情况。

邱、谢、杨、林四姓祖地在今海沧的新阳街道、嵩屿街道、海沧街道。先民迁播海外和港澳台地区，在东南亚国家的人数最多。

表 1-4　海沧（三都）迁播海外宗亲分布主要国家和地区表

村（社区）	国家和地区
新坡	马来西亚、缅甸、新加坡、泰国、美国、台湾、港澳
霞阳	马来西亚、缅甸、泰国、菲律宾、美国、台湾、港澳
祥露	马来西亚、缅甸、新加坡、台湾、港澳
惠佐	马来西亚、印尼、新加坡、缅甸、泰国、港澳
许厝	马来西亚、缅甸
鳌冠	缅甸、越南、马来西亚
石塘	印尼、马来西亚、台湾
东屿	菲律宾、印尼、缅甸、越南
渐美	新加坡、越南、台湾
钟山	越南、菲律宾、马来西亚、印尼、台湾
温厝	越南、印尼
贞庵	印尼、越南、新加坡、马来西亚

续表

村（社区）	国家和地区
后井	马来西亚、越南
锦里	印尼、越南、马来西亚、台湾
海沧村	越南、印尼、马来西亚
柯井	越南，印尼、新加坡
囷瑶	新加坡、印尼、越南、马来西亚
青礁	越南、新加坡、马来西亚、台湾、港澳

资料来源：根据 2013 年海沧区侨联与厦门市侨联、华侨大学华侨华人研究院联合在海沧侨乡文化调研资料整理。

在出洋的人群中，邱、谢、杨、林四姓的人数最多，聚居地相对集中，简介如下：

邱姓

新垵邱氏裔孙遍及海内外，主要集中在马来西亚槟城、新加坡、印度尼西亚、菲律宾和台湾。新垵邱氏在台湾主要集中在台南（笃加邱聚落）、高雄等地。新垵邱氏早在明嘉靖年间就有下南洋的记载，裔孙多达数万人。

林姓

自明朝末年以来，林氏裔孙迁徙台湾，锦里林氏十三世林登榜仕往台湾开基台南一峰亭林氏，裔孙人数多于祖地。台北林氏敦本堂、宜兰林氏追远堂都是海沧林氏裔孙所创建。在东南亚各国主要聚集在马来西亚、印度尼西亚。

杨姓

明末清初，杨文科随郑成功入台开基佳里（应元宫）。至今，台南霞阳杨氏裔孙多达万人。在东南亚各国主要聚集在马来西亚的槟榔屿和沙捞越及缅甸等地。

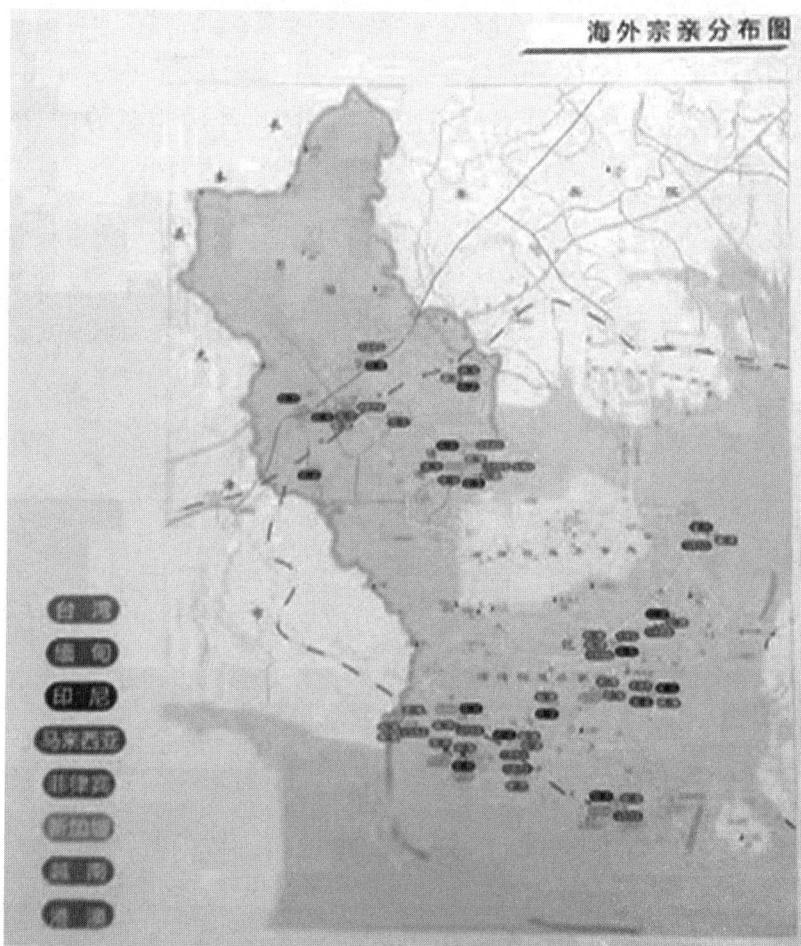

海沧海外宗亲分布图

资料来源:许金顶主编:《同心同根,乡情乡约:厦门海沧侨台宗亲文化展》,2014 年 4 月。

谢姓

谢氏自三世起就有迁徙海内外记载,明清时期尤盛。今石塘谢姓在台裔孙有 2 万多人。在东南亚各国主要聚集在马来西亚和印度尼西亚。

三都人一拨一拨地下南洋,有的人衣锦还乡,有的人杳无音讯。

据海沧石塘清同治年间编修的《谢氏家乘》记载，从明中后期至清咸丰年间，往南洋谋生而卒于当地就有 343 人。槟城的邱氏、谢氏各建家冢奉安族人。明清时期，大量三都人扬帆出海，经历千难万险，前赴后继，一代一代繁衍生息。经过努力，创造和积累了财富，成为当地富商、著名的侨领，特别是到 19 世纪中叶，邱、谢、杨、林四姓乡亲在槟城创造了五大姓中"四姓公司"的辉煌，富甲一方，光耀故里，三都侨乡因此扬名海内外。海外华侨成就三都侨乡的美名，也改变了家乡社会面貌和人们的生活。

三、侨乡社会变迁

三都侨乡人口大量移民海外，祖籍地的社会经济文化因此发生了变化。

（一）人口变迁

三都的人口总量情况，根据《厦门市海沧区志》（2014 年）记载，1950 年，海澄县第四区 3189 户 14185 人。1956 年，海澄县海沧区 5601 户 28301 人。1958 年，海沧、新垵 2 个乡人口共 25366 人。1958 年，行政区划调整，海沧人口相应发生变化。至 2007 年，海沧区常住人口 33372 户 106251 人。新中国成立后，三都侨乡包括海沧镇、新垵乡、霞阳乡、石塘乡、鳌冠乡、青礁乡、温厝乡、渐美乡、东屿乡、囷瑶乡、锦里乡等。侨乡华侨人数的变化情况，根据 1955 年海澄（第四区）海沧区侨乡华侨、归侨侨眷统计，时海沧侨乡所辖海沧镇、新垵等乡的华侨、归侨侨眷以及华侨侨居地分布统计，海沧华侨主要分布在东南亚的马来西亚、印尼、越南等国家。

表 1-5 海澄县第四区各乡华侨分布国外登记表（1955 年）

数字项目	户数	人口 男	人口 女	人口 小计	侨居地区 印尼 户	印尼 人	马来西亚 户	马来西亚 人	缅甸 户	缅甸 人	越南 户	越南 人	泰国 户	泰国 人	菲律宾 户	菲律宾 人	印度 户	印度 人	其他 户	其他 人
新垵乡	293	1228	1346	2574	29	238	157	1544	72	577	5	103	2	13	24	79			4	20
霞阳乡	116	351	340	691	5	51	27	195	34	180					25	111			25	154
鳌冠乡	67	542	442	984	21	422	27	346	2	20	13	169	2	13	1	3			1	11
渐美乡	110	370	354	724	24	232	66	414	10	46	6	14	2	7	2	11				
石塘乡	57	191	203	394	5	32	31	224	9	37	6	64	2	14	4	23				
东屿乡	79	408	395	803	3	28	36	439	24	189	7	55			3	53			6	39
温厝乡	153	578	476	1054	49	314	61	433	10	77	18	156	1	2	3	7			11	65
贞庵乡	30	118	111	229	7	63	13	88			6	36	1	8					3	34
锦里乡	153	753	708	1461	19	195	69	730	8	47	21	164			2	25			34	300
海沧乡	189	596	527	1123	17	85	69	353	7	54	58	421	6	20	30	174			2	16
囷瑶乡	109	372	380	752	20	116	55	442	1	4	17	90	4	14					12	86
青礁乡	97	403	369	772	10	213	35	199	1	8	24	168			5	29			22	155
合　计	1453	5910	5651	11561	209	1989	646	5407	178	1239	181	1440	20	91	99	515			120	880

　　1955 年海澄县侨乡人口普查,时海沧三都人在东南亚主要侨居地的人口数接近原乡人口数的二分之一。据不完全统计,在东南亚主要侨居地的人口数为 11561 人。

　　从海沧归侨侨眷统计表汇总,1955 年,第四区的总人口数为22020 人,归侨侨眷人口数为 5586 人。海沧镇、新垵乡、霞阳乡、石塘乡、鳌冠乡归侨侨眷占人数比例分别为 19.12％、40.31％、38.46％、18.32％、16、55％。[①]

　　根据全国侨情调查资料显示,2005 年,海沧的海外侨胞人数为12514 人,其中华侨 1693 人,华人 10821 人。海沧的归侨人数为 116人,侨眷 7597 人。

表 1-6　第四区(海沧区)归侨侨眷统计表(1955 年 5 月)

数量项目	总人口		归侨侨眷		侨占总人口数（％）	备注
	户数	人数	户数	人数		
海沧镇	627	2730	160	522	19.12	华侨地主户数约占所在乡地主总数的50％。
新垵乡	786	3389	278	1366	40.31	
霞阳乡	403	1625	136	625	38.46	
石塘乡	325	1337	43	245	18.32	
鳌冠乡	264	1130	42	187	16.55	
青礁乡	359	1752	132	485	27.68	
温厝乡	447	1840	96	468	25.43	
渐美乡	385	1625	94	442	27.20	
东屿乡	276	1453	63	370	25.46	
囷瑶乡	454	2074	88	421	20.30	
锦里乡	632	3065	85	455	14.85	

资料来源:根据《1955 年海澄第四区海沧区贯彻落实侨务政策,华侨地主提前改变成分工作总结》档案整理。

---

　　① 《1955 年海澄第四区海沧区侨乡贯彻落实侨务政策,华侨地主提前改变成分工作总结》,海沧区档案局提供。

(二)社会经济文化变迁

因前所述,由于地理、历史等原因,三都大量的乡民出洋谋生,从事小手工业、经商等,成为巨商富贾。他们海外经商、创业发达对祖籍地产生了深刻的影响。

在《南洋华侨与闽粤社会》中关于海澄的描述云:

> 商人贸迁巨舶,兴贩番货,妇人务女工,谨容止,稍有衣食者,妇人不出闺门。依山务农业,滨海事舟楫,衣冠文物颇盛。寇盗出没不时,自设县后,民渐向化。

海澄三都在经济、社会生活、文化教育、信仰等方面的发展,影响显著。

1. 经济

侨汇是侨乡的主要经济来源。《新垵侨乡调查工作报告》中记述:新垵侨乡距离海沧约十多里的小集镇有人呼"小鼓浪屿",是个侨乡,人口占 50% 左右是归侨侨眷。全乡分为四个自然社,六个角落,设有供销合作社、人民银行、信贷互信组等。1955 年,全村副业总收入46170 元/年,侨汇 28000 元/年,归侨侨眷大都靠外汇生活。新垵有句农谚:"吃得饱,穿得好,到新垵霞阳给人招。每天早上有副猪腰,出门不是骑马就是坐轿。"[1]

2. 生产生活

一些富裕的华侨,投资家乡的商业或实业,购置田产,建房屋。富

---

[1] 《新垵侨乡调查工作报告》,1955 年,海沧区档案局提供。

有之家,建大厝、祠堂、坟墓、书斋、洋楼,特别是建房屋既可投资聚财富,传后人,又可人前显富,夸耀于乡里。现有海沧古民居建筑,展示中西文化结合产物,也是侨乡的最好见证。

3. 教育

先辈出洋,很多人经商,需要会写字、记账,学习商业知识,必须读书识字。明清时期,三都大兴书院,办社学。清初,在三都仅社学就有96所之多。华侨非常注重教育,在侨居地举办华文学校,在祖地创办学校。现海沧新江小学、育才学校、霞阳小学、锦里小学前身均为华侨捐建的侨校。此外,资助学生上学,"抗战前,侨汇畅通,那时每个小学生每月都能得到诒榖堂钢洋一元的补助,学业优良者及困难者另有鼓励补助,如升大学每人每月可得大银一百二十元补助"。[①] 助学成为三都民间侨团传承的光荣传统。

4. 民间信仰

沿袭传统,敬天祭祖。三都人传统信仰妈祖、保生大帝,姓氏宗庙有供奉谢府元帅、福侯公等神明,还有信仰天主教、基督教。海外成立与祖地对应的宗亲社团后,如邱氏(诒榖堂公司)、霞阳杨氏(植德堂公司)、石塘谢氏(世德堂公司)在侨居地仿制祖建宗祠宗庙,供奉神明与祖地基本相同。华侨回乡还愿,捐建宫庙,供奉神明,护佑平安。如青礁慈济宫,有《吧国缘主碑》,宫碑记载印尼雅加达、东南亚华侨捐建情况:

该宫内保存的数个石碑中的光绪二十二年(1896年)的《重修慈济祖宫碑记》(以下简称1896年碑记)。根据该宫庙内其他

---

① 1955年海澄第四区(海沧区)档案,海沧区档案局提供。

碑文的记录,青礁慈济宫自南宋绍兴辛未(1151 年)建成后,因历代社会变迁与战乱,曾多次损毁与重修建。光绪丙申年(1896 年)又有一次"依旧制重建"的大工程。1896 年碑记正是为此项修建工程而立,主要内容是记录为该工程提供捐款者。在该碑记所记录的捐款者中,既有青礁慈济宫所在地的三都、闽南一带诸多村落、宗祠、庙宇、商号、店号等的捐款,亦有来自香港、金门与南洋的新加坡、安南、廖内、仰岗(缅甸仰光)等华人社区所捐之款项。其中来自新加坡的捐款者约占三都及闽南一带以外捐款者总数的三分之一左右。[①]

受南洋华侨文化的影响,民间信仰呈现多元化。

表 1-7　新坡侨眷海外关系统计 (1952 年 7 月)

地　区	关　系							
	丈夫	子女	父母	兄弟	叔伯	侄	其他	合计
马来西亚	11	25	5	27	12	1	5	86
缅甸	7	15	1	12	4	1	1	41
印尼		3	1	7		1	1	13
菲律宾	12	5			2			19
越南	2				2		1	5
其他								
合计	32	48	7	46	20	3	8	164

1. 子女中大部分非己生

2. 兄弟大部分系异母兄弟、堂兄弟

① 曾玲:《厦门青礁慈济宫碑文中的新加坡华社领袖》,(新加坡)《源》2017 年第 3 期。

此外，随着时间的推移，海内外关系发生变化。当年因为渡海条件限制，出洋以青壮年男子为主，老人、妇女、儿童留在家。很多男子到居住地又娶妻生子，渐渐地海内外关系越来越疏远。

经历一代又一代，薪火相传，如今三都人在南洋等地已传三至五代，甚至六七代。现在的海内外亲属关系不密切，越来越疏远，大多数回乡谒祖的是同宗同源的宗亲关系。

(三)今日侨乡

昔日三都滨海小区，经历了历史的沧桑巨变。新中国成立以后，经过社会主义现代化的建设，发生了翻天覆地的变化。1989年，成立台商投资区，进入大开发、大建设时期。2003年，成立海沧区，社会经济文化各项事业全面发展。新时代高素质、高颜值建设国际一流海湾城区，前人梦想的现代化的铁路、港口、繁华的城市成为现实，人民不断创造美好新生活。

源远流长的侨乡历史，奠定深厚的华侨文化底蕴，助力新时代海沧实现新跨越。

今日海沧港

海沧港口新姿（吴泽恩 摄）

海沧湾新城（郑伟明 摄）

海沧湾新城（郑伟明　摄）

海沧大桥夜景

海沧文化中心广场

新时代百姓的幸福生活

海沧新城集锦（黄昱臻 提供）

第二章

三都联络局组织

19世纪中叶，侨居马来西亚槟城，源自海沧三都的邱姓、谢姓、杨姓、林姓族人以血缘、地缘为纽带，以海沧祖籍原乡的民间信仰、祖先崇拜、宗乡文化等为纽带，在移民时代的马来亚建立著名的四大姓宗亲组织与宗祠。19世纪末，龙山堂邱公司、世德堂谢公司（谢氏福侯公公司）、霞阳植德堂杨氏公司、林公司敦本堂暨林氏勉述堂，发起并成立了槟榔屿三都联络分局，成为槟城华侨社会中重要团体。这些华侨社团组织不仅对海沧移民在移居地的社群凝聚与重组扮演至关重要

缅甸霞阳植德堂（杨建宏 提供）

缅甸仰光新江邱氏诒榖堂100周年庆典(邱伟民 提供)

的角色,也透过仿制祖地的祠堂家庙供奉祖先神明与春秋二祭,让后世子孙不忘祖先与光耀祖德,传承中华优秀传统文化。200多年来,随着人们的脚步行走世界各地,无论走多久,走多远,割不断的历史、文化、血缘和忘不了的乡愁,提醒人们在向往美好明天的同时,不忘来时的出处。

槟榔屿三都联络局

左：陈耀威　颜笛　右：许瑞发

陈耀威到华侨三都联谊会采访

一、马来西亚三都联络局①

　　槟城的三都联络局全名称"槟榔屿三都联络局"（Sam Toh Bean Lok Keok，Penang），它是清末槟城三都人成立以团结两地乡民和保乡护园的组织。

（一）三都联络局的成立

　　三都联络局的成立，缘起于清朝末年国家腐败，地处边垂的海澄三都治安不靖，乡民时惨遭贪官和盗匪的敲剥劫掠而民不聊生。为了

---

　　① 本节特邀陈耀威先生撰文和供图。陈耀威，台湾成功大学建筑系毕业，现任陈耀威文史建筑研究室主持，马来西亚文化遗产部的注册文化资产保存师，华侨大学兼职教授。著有《槟城龙山堂邱公司历史与建筑》等。

自力保乡护民，光绪二十二年(1896年)三都众乡社绅耆和侨居槟城的乡贤发起成立三都联络局,募款以组织民团、抗拒盗匪、保卫乡土、救济灾民以及为乡民排难解纷。

明末清初起,闽南滨海乡民陆续出洋过番,位于马来半岛西北部的槟榔屿(槟城)是三都人移居最集中,也是人数最多的地方。

到了19世纪末,多数三都人已工商有成,生活安稳,但仍心系家乡,所以当初成立三都联络局的基金全来自槟城。从光绪二十七年(1901年)的槟城三都联络募捐善后序以及捐缘金芳名录来看,当时共有88个捐缘者,包含商家、个人以及宗祠公司,捐款达6225元。捐款者其中四个是属于宗族组织,即新江社邱家、石塘社谢家、霞阳社杨家以及许厝社公司。前三姓公司款额最高,缘首邱家捐1000元,谢家800元,杨家600元,许公司30元。接下来是个人或商号,个人有53位,商号则为31家。个人方面来自东园社的林宁绰捐360元最高,商号以晋昌号为最,捐120元。[①]

在个人和商号名册中,来自新江社的人数最多,计20个。其次是霞杨社,9个,吾贯社6个,石塘社3个,其余为翁厝社(2),宁坑社(2),坂尾社(2),钟山社,郭厝社,金沙社,长江社,东坑社,东园社,林埭头社,鹏程社,晴川社,山仰社,宁店社,锦里社,龙塘社,楼山社,水头社。(以上各1个)

---

① 《马来西亚槟榔屿三都联络局105周年纪念特刊》,第35~45页。

赤石社 温文旦 敬捐缘银壹佰员正

锺山社 蔡水义 敬捐缘银壹佰员正

园西社 林有氾 敬捐缘银贰佰员正

园东社 林壶炜 敬捐缘银叁佰员正

霞阳社 杨家 敬捐缘银陆佰员正

店塘社 谢家 敬捐缘银捌佰员正

新江社 邱家 敬捐缘银壹仟员正

立件户林缘金芳名列左

周尾 许国 林光传 敬捐缘银壹佰员正

锺山社 蔡有格 敬捐缘银壹佰员正

新江社 长利 敬捐缘银壹佰员正

新江社 怡顺 敬捐缘银壹佰员正

园东社 林克全 敬捐缘银壹佰员正

园贵社 林调性 敬捐缘银壹佰员正

晋昌 敬捐缘银壹佰员正

塘江社 谢福坤 敬捐缘银壹佰员正

捐缘金芳名录

50

当时款项是在槟榔屿所筹得，诸善贤就在槟城设立"三都联络分局"，以管理基金。十名社会贤达头家被委任董事：邱天保、温文旦、邱有用、林有氾、林花鐠、杨忠万、蔡水义、谢自友、杨允雨和谢应菜。

邱天保　　　　　　温文旦　　　　　　邱有用

林花鐠　　　　　　　　　谢自友

三都联络分局董事

而在三都对应的联络局定为沧江联络总局。1901年分局的条规规定所筹得6226元，扣除226元交给沧江联络总局后，6000元整寄存龙山堂邱家大使爷、宝树堂谢家福侯公以及四知堂杨家使头公三个宗族公司轮流生息。

这不只是因为三家公司捐款最多，它们在槟城宗族财力雄厚，本身也有设存款部供族人存款和信托保管信物。因此联络分局公议轮流存放在三家公司的 6000 元公项，每百元每月以 0.6 元计算利息，逢年逢十月值年者须将利息寄归沧江总局，以作经费使用。

为了公正管理基金公项，该局设计一枚刻有三都联络分局等字的公印章，剖分成三角三块，邱谢杨三公司各执一角，用印时必须集三块合而盖章方算有效。

条规还规定在三都的总局不可挪动 6000 元的公项，而且如果总局办事不公被查出，分局将停止汇寄利息，分局会发公函问话，待问题改善后才会依旧寄利息回总局。可见三都联络局的控制权是落在槟城的分局。

(二)三都联络局的转变

到了 20 世纪 30 年代，两地乡人生活已有改变，尤其是三都盗匪威胁已减少，地方治安有所改善，两地的三都联络局角色地位和捐助方向因而有所调整。

民国二十五年（1936 年），槟城的三都联络分局改名为"三都联络局"，而家乡三都的联络局则更名为分局。改名后，联络局章程中所立的宗旨为"联络都众感情，增进都众幸福，鼓励都中生产，注重劝学崇化以及排难解纷"。功能除了原有的排难解纷，促进联谊团结，也朝向鼓励教育和推动三都地方的经济发展。

日本侵华时期，三都联络局再度发挥汇钱救济乡民功能。不过日本侵占马来亚三年零八个月（1941—1945），槟城的联络局活动全被停止，直到 1947 年才复兴局务。在日占时期，日本强迫华侨华人交纳"奉纳金"，三都联络局被迫捐献 1265 元。①

　　1949 年中华人民共和国成立后，国际冷战期间，马来西亚和中国人民被禁止自由往来，三都联络局局务大受影响，两地关系渐渐疏远，槟榔屿三都联络局也转向照顾本地的三都人。马来西亚独立后，槟榔屿三都联络局也就终止侨汇，不再寄钱给三都联谊会。②

　　1973 年，联络局修改的章程宗旨简化为：（甲）联络都众感情。（乙）增进都众福利。（丙）奖励都众教育。这里的"都众"是指本地三都人。另外一项就是增加了接收新会员的规定："凡祖籍福建海澄三都，现在位于槟州，不分性别，而其年龄 18 岁以上者，均可依意申请登记加入本局为局员。"③其实，从 1970 年起，三都联络局已开始招收新会员。现年拥有逾四百名会员。④

　　1978 年中国实行改革开放，而至 1989 年马来西亚政府始允许人民进出中国，两地三都人和团体之后逐渐增进互访往来，槟榔屿三都联络局也在 2005 年拜访厦门华侨三都联谊会。

　　2011 年，三都联络局再度修改章程，在原本由邱、谢、杨三家轮流担任当然财政一项中增加了一家公司。即财政一职，是由邱、谢、杨和林等公司所指派到该局的董事轮流担任，任期为三年一任。章程也新规定新加入的局员必须是马来西亚公民，且须缴交最少 20 元的入局费。⑤ 因情况的不同，槟榔屿的联络局现在的活动早已转向增进会员福利，提供会员子女奖学金，以及增进三都人感情的聚会。如举

---

① 民国三十六年（1947 年）度职员会议议案，《马来西亚槟榔屿三都联络局 105 周年纪念特刊》，第 47 页。
② 2018 年 11 月 22 日采访三都联络局信理员温子开。
③ 槟榔屿三都联络局章程（1973 年）。
④ 槟榔屿三都联络局申请入局志愿书。
⑤ 槟榔屿三都联络局章程（2011 年）。

办新春联欢晚会、中秋节晚会和外地旅游等。

联络局颁发会员子女奖学金

槟榔屿三都联络局庆祝 64 周年纪念旧照

厦门华侨三都联谊会代表参加槟榔屿之 105 周年纪念联欢晚会

槟榔屿三都联络局 118 周年纪念联欢晚会

（三）三都联络局的地址与产业

1936年,槟榔屿三都联络局注册的地址是在乔治市本头公巷57号。

本头公巷57号是福德正神庙,原本属于闽帮会党建德堂的总堂所。1890年,在社团法令之下解散后转变成福德正神庙,它也是20世纪之后数闽帮社团如同庆社、清和社、福建公司等设址所在地。

三都联络局原寄驻在福德正神庙内

1967年,三都联络局迁到槟城胡椒埕38A,属于槟榔漳州会馆的会所里。1928年漳州会馆的成立,可以说是受到三都联络局的催生,两个组织关系非常密切,董事和执委几乎有一半是相同的人员担任,所以方便在同一个屋檐下办活动。

三都联络局虽然没有自己独立的会所,却拥有房业公业。就像其他乡团会馆一样,先贤购买房屋交给组织或社团自行购下房产,将房产出租所收的租费用来支持团体的运营。

三都联络局现址在槟榔屿漳州会馆里

　　三都联络局在槟城和三都皆拥有不动产。在槟城原本拥有 6 间店厝，为过港仔门牌 122 号及 124 号，二奶巷门牌 13、15、17 及 19 号。不过二奶巷的房屋已于 2008 年出售，2014 年另购一间排屋在跑马园。

（四）五大姓里的四姓公司[①]

在槟城的福建移民中，漳泉的占绝大多数，而其中又以漳州人为19世纪槟城福建人的主流，尤其是来自清代属于漳州海澄三都一带的乡民。那些属于九龙江下游滨海而居的福建人，早在明末西方殖民者到东方争夺香料贸易开始，就随着东南亚商港一个个启运，具规模地跟进货殖或迁寓他乡。

自槟城1786年开埠后，商港城市发展迅速，社会盛繁。在闽帮中，初有属于漳泉的谢、陈、曾、邱、林、辜、甘等姓较早在社会上建立了个人或群体的地位[②]。自19世纪二三十年代起，五个以同乡姓氏为认同根源的群体渐露头角，积极活跃。到了19世纪中叶，它们不仅在社会组织上建立内在联系，还在土地上占据一方，而结集而成为强宗望族。这些人丁势众的群体就是槟城的"五大姓"[③]。

五大姓

所谓五大姓，广义是指槟城福建社会中特定的邱、谢、杨、林、陈五个大姓，狭义的是由上述五个姓氏个别所组成的宗祠、寺庙组织，即龙山堂邱公司、石塘谢氏福侯公公司、霞阳植德堂杨公司、九龙堂林公司及颍川堂陈公司。其实在个别姓氏公司之内尚有次组织，如邱氏的文山堂邱公司、林氏的勉述堂公司等。一般上五大姓都指大宗主组织，并分别简称为邱、谢、杨、林、陈公司。

[①] 本文选录陈耀威的《殖民城市的血缘聚落：槟城五大姓公司》，tanyeowwooi@gmail.com. 2005/11/15.

[②] 参见张少宽著：《槟榔屿福建公冢既家冢碑铭集》。

[③] 张少宽从福建公冢历届捐助姓氏分析，认为五大姓是在咸丰六年（1856年）之后，才确定它的社会形象。

四大姓的渊源

五大姓之中,邱、谢、杨、林皆属漳州人,并源自一定的村社,具有强烈的地缘和血缘特性。除了陈氏,四姓的祖先皆出自清代漳州府海澄县三都境内的村社[①]。即邱氏自新江社、惠佐社(现海沧区新垵村),谢氏自石塘社(现海沧区石塘村),杨氏自霞阳社(现海沧区霞阳村),林氏自鳌冠(吾贯)社(现海沧区吴冠村)、锦里社等。

四姓都是槟榔屿早期的移民之一,从《新江邱曾氏族谱》(1867年)得知,早在莱特开辟槟榔屿之前,已有邱氏来到,甚至生死葬都在此[②]。峇都兰章冢场已发现年份最早的,为1809年的吾贯林氏墓碑[③]。谢氏和杨氏应都在18世纪末已抵槟榔屿。我们可以在19世纪初寺庙、公冢碑铭捐缘名录中一窥其规模[④]。他们在同乡人口增长达到一定的人数后,就组织了神缘、血缘与地缘并存的团体,并成为槟榔屿最早建立宗祠的福建人。

公司组织

四姓所谓的"公司",并非现代的商业"公司",而是一种祭祀性神缘宗祠组织。其实,公司是星马华人最广泛使用的社会组织名称,在殖民地英文文件中,华人的社团几乎都用 Congsee,Congsey,Kongsee 或 Kongsi 称。它可以是血缘的宗祠组织,地缘的乡团会馆,

---

① 海澄原属漳州府龙溪县,1565年置县。海澄县三都于1950年初称海沧区,1958年纳入厦门市。一度为海沧人民公社辖地。后属厦门市行政管辖的杏林区,2003年7月又更名回海沧区,并包含部分同安乡镇。

② 见陈耀威文史建筑研究室:《槟城龙山堂邱公司:历史与建筑》。

③ 参见张少宽著:《槟榔屿福建公冢暨家冢碑铭集》,第6页。

④ 参见张少宽著:《槟榔屿福建公冢暨家冢碑铭集》。

业缘的行会，秘密会社等。在广泛的意义里，公司也同时指组织的会所①。

虽然公司为名的开矿组织早在 18 世纪末已在西婆罗州出现②，但就四或五大姓而言，公司这名称早期还是属于村社同份祭神的集体。就如 Bien Chiang 指出，"公司"原始的意义是集体祭祀的代表，是村社家户有份（公司）的，以经济行动和道义参与祭神的活动，并在"象征性经济"领域里获得社区神圣和世俗的回报。这种往往有别于正式团体的祭祀集体只在口语上称为"公司"，鲜作书面名称。③

确实，四大姓早年的中文碑记多以神明、庙或堂号为名而不用公司。如邱家大使爷、诒穀堂、宗德堂谢家庙、九龙堂等（但在英文书信如地契、陈情书等中加"公司"二字）。直至 19 世纪末 20 世纪初，才逐渐在中文正式名称中采用某某堂公司。

它们最早以中文"公司"名称正式出现的实例是在 1886 年创建平章会馆碑记里，时邱氏、谢氏，以"邱氏公司"与"谢氏公司"捐缘。但杨氏还是称"应元宫杨氏"④。

这一点，窃以为一方面是殖民地当局制定治安法令，实行各种登记制度，法定化了公司名称⑤，进而是 20 世纪初受英文教育的峇峇族人加入公司理事会⑥，更强化了公司的用语。

---

① 在英文里则用 Kongsi house 一词。

② 参考 Wang Tai Peng，"The origin of Chinese Kongsi"，1994.

③ 台湾陈国伟认为古时的读书人会视公司为俚言俗语，一旦在记录或书写时，就会把它雅化成其他名称。

④ 1867 年私会党火拼前，数华团致和胜会党的公函中，陈公司就以"颍川公司"署名。但奇怪的是往后真正社团注册时却无公司二字。

⑤ 1889 年殖民地政府通过社团注册法令（1890 年生效），是为了取缔私会党而施行的强迫性行动。社团注册后，在设团体条规时，中英文名称之定名是首要任务。

⑥ 英文教育的峇峇加入埋事，在邱公司方面有记录的是 1904 年，笔者在另两个槟城福建人老社团清和社和同庆社议会记录簿内找到英文签名的也是同个年份。

如前所述,五大姓最早的是以祭祀集体或神明会为组织雏形,如邱氏族人在 1818 年以"大使爷槟榔公银"名誉捐款回乡修庙,1850 年以"邱家大使爷"名义购龙山堂现址(陈耀威,2003:7),谢氏在 1820 年以"谢家福侯公"名誉购地(谢仁宗,2001),杨氏以奉使头公之"应元宫"为称,都说明以乡土神崇祀为最初认同和团聚根源。待族亲达到一定的人数后,才以血缘关系建立宗祠组织。

先民出洋谋生,具有很大的冒险性,故携原乡神明香火在侨居地奉祀,是当时心灵和精神慰藉的主要凭据。一旦有了神明香火,定时的节庆祭拜和神诞活动,乃信仰者共同的义务,也是促成同乡聚首敦亲的缘由之一。

如果是同乡同宗移民,在人数少时,神明会松动的组织已足够,但当同族人部分开始在一个地方侨居或定居下来繁衍下一代,且人数达到一定规模时,就需要更高层次的制度或组织,以解决同宗之间敬神祭祖,生死婚嫁等具有社会伦理及社会空间的需求。

在中国,四姓公司的原乡基本上都是数三五百年的同姓村,宗脉支繁,宗族制度尤其强韧。族人来到异乡,虽有先后,但内在血缘凝聚力,自然会把族亲团结在一起以互通声气。于是原乡宗族制度就被移植过来,以"使血脉相通",在这里设宗祠,以行宗庙之礼。

邱氏族人在庆祝大使爷千秋举行聚会时,咸认同为了敦睦宗亲,崇颂祖德,团集合作,实不能无祖祠之设,于是在五月初八日集合一百零二族人成立诒榖堂,同时在场筹集建宗祠基金五百二十八元[1],二十余年内运筹生息,积额日丰,终于在 1850 年农历七月初五日,以邱家大使爷名义购龙山堂现址。在隔年将之修葺改造,以符合宗祠之制

---

① 诒榖堂碑记,光绪二十九年(1903 年)。

（陈耀威,2002:10）。

谢家庙碑记曰:"身留异国地名槟城者,极有岁年。今于其处婚姻嫁娶,生聚愈繁,不啻千人矣。非所谓生于斯,哭于斯,聚国族于斯者乎。由是贤而好义者,追本溯源,不忘所自,遂于咸丰八年（1858 年）鸠集宗人,捐资择吉,合议以福侯公租屋之所,以定庙基。复以旧存租项有余者,为之田计縻费白金壹万贰仟叁佰陆拾柒元有奇,始足告成,名之曰宗德,以福侯二公配焉。"[①]

我们可以看到,聚合在百人以上的经济力,便可筹集基金,运息数年以共建一向心力的祠堂兼寺庙。有了祠堂和寺庙,欲报本追远,敦亲睦族或冠婚庆典,仍至神福赛会,皆有场所可以举行,在异乡也不异于原乡宗族的生活。

宗族社会比较

明清中国东南广泛宗族社会的特征是:同姓血缘的人聚族而居,崇拜共同的祖先,宗族聚落内设有祭祖的祠堂,宗祠为宗族行政、司法甚至教育中心。在维系宗族制度和管理方面有编修的族谱。此外,设有公共生产产业为宗族活动的经济基础。

以上述宗族社会特征来比较 19 至 20 世纪初的四姓公司,就可发现在制度上是沿袭原乡一套 ,唯在内容和空间上呈现不同程度的变异。

宗族结构

在祖先认同上,邱、谢、杨、林都可以追溯到原乡的第一个开基祖,

---

① 宗德堂谢家庙碑记(1873 年)。

如邱公司的新江开基祖迁荣公(曾永在)①,谢公司石塘开基祖东山公(谢铭欣),杨公司霞阳开基祖德卿公(杨德卿),林公司鳌冠开基祖林让公。

四公司对下只接纳出自开基祖的血缘后代为成员,唯有同姓同宗的人才可以参与本族的活动与享受福利,上下维持的是一种宗族的关系。

在中国,四姓自开基祖丕基以来数百年,一本开枝,族众浩繁,已发展成多房支的世系群,大小宗支亦分别设立祠堂和组合在不同的堂号之下,如邱氏有四大角(柱)②十三房(意味 13 间祠堂),谢氏有十个角头,林氏有 6 个角头,杨氏有 18 角 2 社。

来到槟城的四姓宗族,属于原乡各房各角的皆有之,但迁移的人数和时间的先后不一。故为了团结,多统合在大宗堂号之下,但也不排除小宗组织的设立,唯不能逾越昭穆的次序。

例如,邱公司的龙山堂就是相等于原乡大宗的诒穀堂③,另有文山堂④和敦文堂之设。谢公司以世德堂为槟城宗祠堂号,内统十角,杨公司一样以原乡祖堂植德堂为名,林公司内则同时成立勉述堂、敦本堂及双桂堂⑤。

值得一提的是,四姓宗族制度的设立,是一种横向移植,虽然经过数代百年,也没有发展成新的房分制宗族,拜的依然是唐山祖,不像在

---

① 迁荣公本姓曾,因承一邱氏鸿业,后代改姓邱,他被尊为新江邱开基祖。

② 角或柱是开基祖之下的一支或数支后代,认同和祭祀于某祖先,且聚居于宗族村落的某一角落。

③ 改堂号是为了不忘曾姓之祖源。

④ 文山堂由海长到海五五房所组成。由于人数和经济能力的关系,文山堂甚至比龙山堂/诒穀堂还早有公项组织的成立。

⑤ 唯有来自鳌冠林让公的后裔才可参加勉述堂和敦文堂。九龙堂只有董事部,没有会员。

中国或台湾有开基祖、开台祖之类的"开槟祖"宗族裂变的产生。唯一有新立祖堂的是邱家邱天德的"文耀堂"[①]。

宗族经济

为了祭祖，维持祠堂修缮费用，瞻养孤寡贫弱族人以及教育同姓子弟，农业社会的中国宗族会以设置祭田（蒸尝田）、义田或学田[②]作为宗族活动的经济基础。

在工商城市的槟城，四姓公司主要购置房地产，以租赁获得的收入支付宗族活动的费用。由于多数先辈是商人，"卖业收（厝）税"是他们累积宗族资本最大的方式。再者，四姓公司也曾办类似银行服务给与族人利息，并接受处理族人身后信托保管之存款。在过去有眼光的族贤经营之下，运用存款资金投资房地产，以至四姓成为乔治市拥有最多产业的华人社团之一。

据资料统计，邱公司拥有140栋房屋，20片土地；谢公司拥有137栋房屋，数片土地；杨公司拥有40多栋房屋及空地数块。[③] 这些房屋包含店屋和仓库，除了围绕在祠堂附近，也分散在个别街区。除了房屋公业，较富有的邱、谢二公司在20世纪初还分别在郊外设置家冢，供作男性族亲和未婚女性的墓葬。1920年邱公司的17英亩新江邱氏家冢设于天德园，谢公司的50英亩墓地位于白云山，称为谢石塘家冢，设于1915年。

---

① 文耀堂位于天德园邱天德墓之后，内祭海长角邱天德、父邱月照这一系在本地的祖先牌位。

② 三种公共产田名称分别指收入和用途，不过有时祭田、义田的收入都可以运用在各种项目上。（见《中国宗族社会》）

③ 邱公司的为2002年资料，不含市外的房业。

宗族教育

在教育方面,受到清末革命人士的鼓吹,槟城的乡团会馆纷纷办校助学。在四姓公司之中,邱公司乃率先在 1906 年假龙山堂开办"邱氏二等学堂",谢公司继于 1918 年设"石塘谢氏单级学堂"(后易名育才学校)。这些宗族学堂起初皆属书塾性质,以方言教导本族学童,后采新学制。二战后,唯有邱公司在新地点新建校舍,继续办校,易名为新江小学,并在 20 世纪 50 年代开放给族外学生入学。

族　谱

族谱是宗族制度的一部分,其目的一是"敬宗收族",二是标榜家族的荣耀历史(陈支平,1996:70)。它也是作为教化后代的文献读物,以使子孙明了自己的根源和宗族伦理的规范。

四姓之中,战前至少邱、谢,杨三姓都保有族谱,邱公司尚藏有同治丁卯年(1867 年)纂修的《新江邱曾氏族谱》。它是邱氏宗族花 6749 英银,汇集海内外族人财力和人力所修印的,其中 26% 资金捐自槟榔屿各房派或个人(陈耀威,2002:39)。即使没有族谱,四姓公司里还是有辈系诗或字辈谱,以让族人明辈分,辨尊卑。

宗族管理

祠堂作为宗族的行政机构,具有司法、经济事务和教育等宗族管理功能,而负责管理的委员是由族长、房首,告老还乡或受过教育者所组成。在移民社会里,宗族和祠堂的管理层不见得采取族长辈分制,而是以财富、社会声望为考虑,从房角挑派若干房头代表组成。早年以"家长"和董事为职称,20 世纪后多采用信理员制,内部再选数年一届的职员。

祭　祀

祭祀是传统华人不可或缺的信仰和生活习俗。无论对于鬼神或祖先，都是通过祭拜的仪式以建立求与应的关系。

四姓公司每年定时在节日和神诞日进行公共祭拜，其中有祭祖的冬至祠祭，清明的墓祭，中元普渡，各神明神诞的祭庆等等。四姓公司都有炉主的制度，由值年炉主总办一年内所有十多二十个祭拜的活动，包括族人宴会。公共祭拜的费用由公司公款支付。

与原乡不同的是，宗族村落里拜神的宫庙和祭祖的祠堂是分开的两种场所，而在槟城，两者则合而为一[①]。也许这正是四姓、五大姓（甚至是其他组织）用来称呼这种"神祖并存"的公共产业为"公司"名称之一，即延伸了共同祭祀的团体到实质共同空间的含意。这也意味着宗族有了寺庙/祠堂的建筑后，"公司"已涵盖族人共同的组织及场所。

四姓氏公司的主祀神，皆和原乡无异，即继内地的香火于公司内，故它们的神殿也多沿袭家乡的寺庙名称。如邱公司龙山堂中殿之正顺宫，主祀晋代名将谢玄——大使爷，宰相谢安——王孙爷[②]。谢公司主祀二位福侯公，乃唐睢阳城大将张巡及太守许远，另祀广惠圣王谢安夫妇及大使爷。杨公司中殿"应元宫"主祀宋朝名将杨令公长子——使头公，而林公司之"慈惠庙"则主祀妈祖林默娘。对于谢和杨公司，主祀的神明不只是守护神，还是他们的世祖。

[①]　不只姓氏公司，地缘会馆和缘的行会等都是馆内设神龛拜神。
[②]　邱公司正顺宫只有大使爷有神像，王孙爷只供香炉。

四姓公司的社会关系及外延组织

四姓公司不只是地缘相近,且相互连盟成不同层次的团体,从邻村、三都到漳州府地区关系,从神庙到公冢之信仰礼俗参与,从商业、政治到体育,从明到暗。四姓公司加上陈氏的五大姓,不只是从团体到个人,都交织着以福建人为本位的社会关系,积极投身于华人社会的活动。

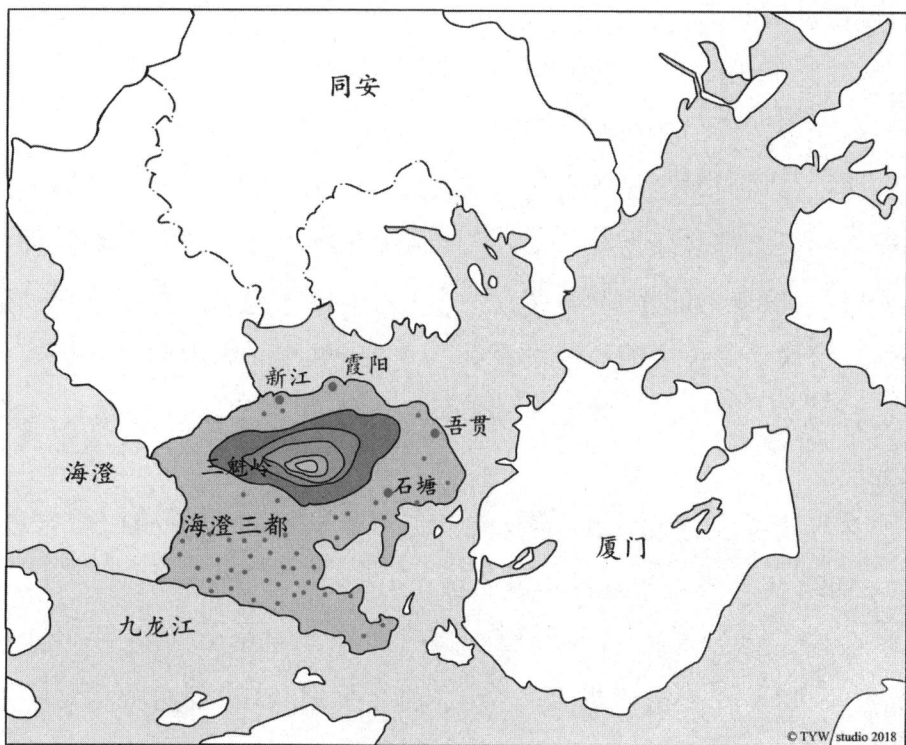

海澄县三都示意图

就地缘关系上,邱、谢、杨、林四公司关系极密切。在中国福建,四公司的原乡都相当靠近,它们就分布在三都三魁岭的北部和东部。从地图可看出，它们皆是沿海罗列的村落，北边临马銮湾，东面遥对厦门岛。新江(新垵)和霞阳算邻村，鳌冠(吾贯)和石塘相近。四姓的族人无论在中国或本地，世代多通婚，建立姻亲关系。当年移民海外，四地的村民亦有结伴远行，到了移居地也是选择在邻近的地方建立守望相助邻里关系。不同的是，在槟城的地理关系上，杨公司距离三个公司较远，邱和谢是一巷(本头公巷)之隔，而谢与林则是一墙之隔的邻居。

清朝末年的中国华南各地，时局动荡不安和充满盗匪骚乱，1881年，远在槟城的邱、谢、杨三个公司组成"三魁堂"，将购置房屋出租的租金，共同汇款回乡，以协助组织地方保卫队，保护家乡。至今三魁堂依然存在，每公司轮流管理三年。

四姓公司同时也属于另一个扩大范围的保乡团体——槟榔屿三都联络局。三都联络局是1896年由福建省漳州海澄县海内外三都乡民所发起，槟榔屿的是1900年设为分局，1936年复为三都联络局。槟榔屿三都联络局设在胡椒埕的漳州会馆内，财政一职由邱、谢、杨三姓公司轮流选派[①]。现活动已转向增进会员福利及提供会员子女奖学金。

在行政地区关系上，四姓公司的原乡在清代本属漳州府所管辖，所以1928年所成立的槟榔屿漳州会馆，四大姓都成为会员。

在福邦社会层面上，四姓加上陈氏的五大姓在19世纪中叶组成"福建公司"[②]，它是槟州华人大会堂(前名平章会馆)创组分子之一[③]。自20世纪初起，福建公司负责管理槟城五座闽帮寺庙，即清云岩(蛇

---

① 槟榔屿三都联络局章程。
② 最早可见的"福建公司"名称是在1856年的浮罗池滑福建义冢碑记云："收福建公司二条来银贰百贰拾叁元壹角柒分半。"
③ 在平章公馆捐缘中，福建公司为缘首，捐银二仟元。

庙)、青龙宫(大帝爷)、城隍庙、金和宫暨受天宫、水美宫。而在槟城华人重要的香火庙——广福宫(观音亭)组织内,与十名广东暨汀州会馆信理员一同管理的,亦是十名来自五大姓的代表。

福建公冢(现槟城联合福建公冢)是槟城福帮处理同籍人身后墓葬的组织。在战前是由三个坟场单位所组成,即峇都栏樟公冢、浮罗池骨公冢及峇都眼东公冢。自19世纪初陆续兴办以来,一个世纪内主要的董事多由五大姓人氏所担任,诚如今屈诚二所说,福建公冢虽由福帮二十多族所建立,但实际上支配公冢的是五大姓或六大姓(今屈诚二,1924:48)(五大姓之外的王、叶、李、许等)。

同样,19世纪槟城秘密会社中,著名的建德堂亦是五大姓支配的会党。建德堂事实上由邱家之邱肇邦所创立,后继盟主为邱天德,直至1890年解散为止。堂内的执事不外是五大姓加福建二十多姓的人士。

19世纪末,已有不少华人望族子弟受西方教育而向往于欧人的娱乐和体育生活,唯限于当时统治者优越性所做的社会阶级活动区分,促使资产阶级的华人寻求建立属于华族的运动场所和俱乐部。于是在1892年,五大姓购下湖滨别墅(Lake Villa),并成立"中华体育会"。1903年,获得名为维多利亚草场(Victoria Green)及相连共6.25依格的地段,始辟为专供华人乐育的场所。由于五大姓为催生和资助者,在管理上维多利亚草场乃为五大姓组成的信理会所托管。[①]

由此可见,在19世纪到20世纪的槟城华人社会中,四姓加上陈氏的五大姓公司可以说是控制早年槟城福建人社会的主导团体。而在人力、财力和影响力上,来自三都的四姓公司更是其中的核心力量,

---

① 参见 Kelab Rekriasi Cina Pulau Pinang, Millenium denner, 22 Jan 2000.

在华人社会的发展中,扮演举足轻重的角色。

龙山堂邱公司

石塘谢氏福侯公公司

霞阳植德堂杨公司

九龙堂林公司

参考文献

1.力钧注:《槟榔屿志略》。

2.陈耀威:《槟城龙山堂邱公司:历史与建筑》,槟城:龙山堂邱公司,
2002年。

3.《槟榔屿龙山堂邱公司章程》,1921年。

4.《石塘谢氏世德堂福侯公公司章程》,1979年。

5.《杨家使头公或称霞阳植德堂杨公司或杨公司章程》。

6.杨炳坤:《厦门市杏林区霞阳村杨氏概况》,厦门:霞阳村杨氏值德堂公司,1996 年。

7.《槟城颍川堂陈公司章程》,1956 年。

8. 陈铁凡、傅吾康编:《马来西亚华文铭刻萃编》,吉隆坡:马来西亚大学出版部,1985 年。

9. 张少宽:《槟榔屿华人史话》,吉隆坡:燧人氏事业有限公司,2002 年。

10. 张少宽:《槟榔屿福建公冢碑铭集》,新加坡:亚洲研究学会,1997 年。

11. 陈支平:《福建族谱》,福州:福建人民出版社,1996 年。

12. 冯尔康等著:《中国宗族社会》,杭州:浙江人民出版社,1994 年。

13. 莫里斯·弗里德曼著,刘晓春译:《中国东南的宗族组织》,上海:上海人民出版社,2003 年。

14.(日)濑川昌九著,钱杭译:《族谱:华南汉族的宗族·风水·移居》,上海:上海书店出版社,1999 年。

15.(日)今屈诚二著,刘果因译:《马来亚华人社会》,槟城:嘉应会馆扩建委员会,1974 年。

16. 郭毕立编:《聚落与社会》,台北:田园城市文化事业有限公司,1998 年。

17. Lim Teong Aik,"A Short History of Lim Kongsi Toon Pun Tong and Lim Sz Bian Soot Tong,Penang".

18. Bien Chiang,"The Kongsi's Past as a Foreign Country",Institute of Ethnology, Academic Sinica. Institute of Anthropology, National Tsing Hua University.

19. Wang Tai Peng,"The origin of Chinese Kongsi,Malaysia:Pelanduk Publications,1995.

20. Cheah Jin Teong,"The Cheah Kongsi",colloguium on History of the Chinese communities in Penang,2002.

21. Wong Yee Tuan,"Blood Ties, Marriages and 5 worn Brohterhoods:Penang's Big Five Families and Southern Siam during 19th century".

二、海沧三都联络局到华侨三都联谊会

厦门市海沧华侨三都联谊会的前身是三都联络局,改组成立于1958年,"文革"期间停顿,1984年复办。海沧华侨三都联谊会经历了"三都联络局"、"三都联络分局"和"华侨三都联谊会"等名称的变迁。三都联络局成立于1896年,"1896年,三都108社之先贤为抗拒盗匪,保卫家乡之安宁以及维护族人利益而组织三都联络局。族人热烈响应,募捐组织民团,保卫乡土,发挥崇高爱国爱乡精神。局务进展迅速,数年后延伸至海外。"[①]因为历史久远,很多被遗忘了,被丢失了,该侨团经历创会、停办,至1984年复办,期间的历史资料没有保存。幸得海沧区档案局、龙海市档案局、海沧方志办、马来西亚槟城侨亲的支持,经多方查档,寻访当事人、知情者,求证史实,试图厘清从三都联络局到海沧华侨三都联谊会的历史演变脉络。

(一)渊 源

明朝漳州月港的兴起,为海沧先民出洋提供了便利,为侨乡的形成和发展创造了条件。18世纪末,邱、谢、杨、林等簇人陆续定居槟城,随着人数的增加和经济实力的增强,19世纪初仿制祖地堂号建立了宗族组织,并且建立一一对应的关系。清末,清政府政治腐败,鸦片战争后西方列强侵略中国,国家和人民生活苦难,海外华侨通过社团组织募捐,支持家乡抗敌斗争和重建家园。海沧、槟城两地乡亲携手创建了以三都地缘、宗亲为纽带的联络组织——海内外三都联络局组

---

① 许金顶主编:《同心同根,乡情乡约:厦门海沧侨台宗亲文化展》,2014年,第17页。

织,经历战争、和平、社会动荡的年代,但由于"海外宗亲社团大都发端于地缘宗亲组织,联谊亲睦,互助团结始终是其最主要的活动内容和宗旨。他们至今依然坚持每月汇寄经费回乡参与祭祖活动,体现出'两地一家'的侨乡社会基本特性"。① 民间华侨社团组织延续传统,机构完整。改革开放后,两地侨团携手迈进新时代,整装再出发。

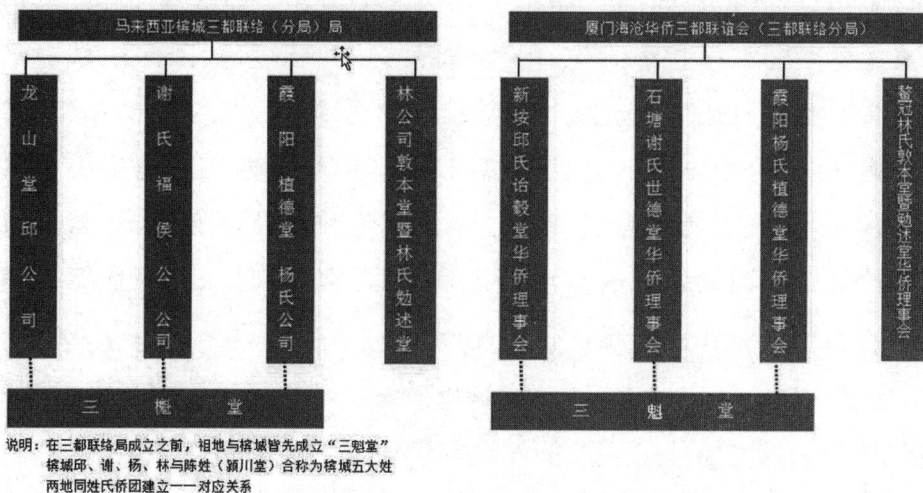

说明:在三都联络局成立之前,祖地与槟城皆先成立"三魁堂"
　　　槟城邱、谢、杨、林与陈姓(颍川堂)合称为槟城五大姓
　　　两地同姓氏侨团建立——对应关系

海沧、槟城两地三都联络局(分局)及侨团联系简图

(二)创　会

关于三都联络局的创立时间,说法有三。

第一种看法认为,1896 年祖地成立三都联络局,1900 年槟城成立三都联络分局。如前所述。

第二种看法认为,据周科文(已故,三都人,曾任中国银行副行长)

---

① 许金顶:《新阳历史文化资料选编》,广州:花城出版社,2016 年,第 3 页。

的记述①，清咸丰年间，由于政局动乱②，清兵从广东调驻厦门的粤军供给不足，在厦门岛内恣意劫夺，搅得民不聊生，百姓纷纷逃往海沧境内避难。海沧地方乡绅为了安顿难民，发起捐助难民活动。但因本地财力有限，三个月后，捐资无法继续下去，遂写信给马来西亚槟城的邱、谢、杨三家公司请求支援。他们接到求援，马上联络槟城的海沧华侨组成筹捐组，并积极向附近的东南亚国家的海沧籍华侨通报情况，请求支援家乡的难民救济工作，得到华侨的热烈响应，踊跃向槟城筹捐组捐款。筹捐组把华侨捐献的钱陆续寄往海沧难民救济组。第二年，时局有所缓和，难民大部分返回厦门岛内，但马来西亚等地华侨捐款方兴未艾，槟城筹捐组为检查海外华侨捐献救济款落实情况，派代表回海沧查账和商量处理救济后期工作事宜，双方商定，将两地筹捐临时机构改为正式社会团体，以当时海沧行政区划三都为名成立三都联络局。社团成立后，把华侨捐献的剩余款，分别在槟城购置产业，在厦门购置房产、果林，并拿出一部分资金维修沧江小学和八卦楼。

第三种看法认为，三魁堂是三都联络局的前身。众所皆知，海沧与马来西亚槟城的华侨社团关系是一一对应的关系。在三都联络局成立前，1881年，槟城就有邱、谢、杨三姓成立的"三魁堂"，今"三魁堂公司"由三姓公司轮流管理。

---

① 海沧华侨三都联络分局史略，《槟城三都联络局成立105周年纪念特刊》，第73页。
② 据《龙海县志》记载，清道光三十年（1850年），华侨江源、江发兄弟与厦门陈庆真、王泉组织小刀会，秘密开展反清活动。咸丰三年（1853年）二月，江源、江发发动起义，泄密被杀。

表 2-1　马来西亚槟城三都宗亲社团简表

名　称	姓氏	所在地	原　籍	创立时间	备　注
龙山堂邱公司	邱姓	槟城	厦门海沧（原海澄三都）	1835	1881 年，槟城邱、谢、杨三姓成立三魁堂
霞阳植德堂杨公司	杨姓	槟城	厦门海沧（原海澄三都）	1842	
石塘谢氏世德堂公司	谢姓	槟城	厦门海沧（原海澄三都）	1810	
鳌冠林氏勉述堂、林氏敦本堂、九龙堂、林公司	林姓	槟城	厦门海沧（原海澄三都）	1863	1891 年、1930 年，敦本堂、勉述堂先后办理注册，现与九龙堂林公司合署办公

　　根据海内外宗亲社团的对应关系特点判断，祖地相应有以"三魁岭"为名成立"三魁堂"组织，且海澄侨联 1956 年申请批准了"恢复三魁堂公司组织"，便于与海外侨团的联系。[①]

　　以"公司"替代原来的"堂号"，显然是受槟城的影响（槟城的社团在 19 世纪初按当地殖民地文件的要求，社团名称改为公司，如"某某

---

　　① 1956 年 3 月 13 日，海澄县归国华侨联谊会报告《申请批准恢复三魁堂公司的组织与成员名单》摘录：根据新垵诒穀堂、霞阳植德堂、石塘世德堂三个组织代表提出，要求恢复"三魁堂公司"组织，同时提出代表名单九人，即新垵邱玉堆、邱六塔、邱继详，霞阳杨红边、杨百川、杨觉民，石塘谢宗朝、谢玉港、谢石结。1956 年 3 月 16 日，海澄县人民委员会(1956)县侨字第 0807 号文批准该报告并复文。

堂公司"）。可以说，三魁堂是早于三都联络局成立的三都社团，由邱、谢、杨三姓组成。三都联络局则是后来发展更广泛地域的更高层级的社团组织。

(三)历　程

表 2-2　华侨三都联谊会的发展历程表

	时　　间
第一阶段	初创和建设时期(1896—1936 年)
第二阶段	转变和发展时期(1936—1949 年)
第三阶段	改组和停顿时期(1949—1978 年)
第四阶段	恢复和建功时期(1978—2017 年)

厦门市海沧华侨三都联谊会的发展历程，按时间可以划分为初创和建设时期(1896—1936 年)、转变和发展时期(1936—1949 年)、新中国成立后改组和停顿时期(1949—1978 年)、改革开放以来恢复和建功时期(1978—2017 年)等四个历史阶段。

1. 成立与发展

三都联络局成立后，海外募捐源源不断，支援祖地救助灾民，保卫家园，购置田地、房产等，创收用于扶助乡民生产生活，办教育兴公益。

三都联络局成立的宗旨是：联络都众感情，增进都众幸福，鼓励都众生产，注重劝学崇化，为人排难解纷。特别是对于兴办教育，培养人才，倡导华文教育，不遗余力。1906 年，槟城龙山堂公司开办"邱氏两等学堂"，后新建校舍，易名新江小学。1918 年，槟城谢公司设"石塘谢氏单级学堂"。1904 年，霞阳华侨在家乡创办霞阳小学，邱公司、谢

槟城"世德堂公司"文化资料中心保存,2014 年参加"海沧侨台宗亲文化展"图片

1930 年 2 月 25 日石塘假自治乡公所保卫团全体合影,
赠槟城石塘谢氏公司董事会

公司也支持祖地创办新江小学、育才小学。各姓公司、三都联络局均设立奖励金,鼓励、支持乡人、族人子弟上学。

随着两地三都联络局的发展,局务工作不断严格规范,槟城制定《条规》,规定时间核对账目、派人回来查账,由此工作重心移向槟城,两地单位名称改变,祖地三都联络局与槟城三都联络分局名称互换。

表 2-3　三都联络局与分局转换时间表

海　沧	槟　城
1896 年海沧三都联络（总）局	1900 年槟城三都联络分局
1936 年改为三都联络分局	1936 年改为三都联络局

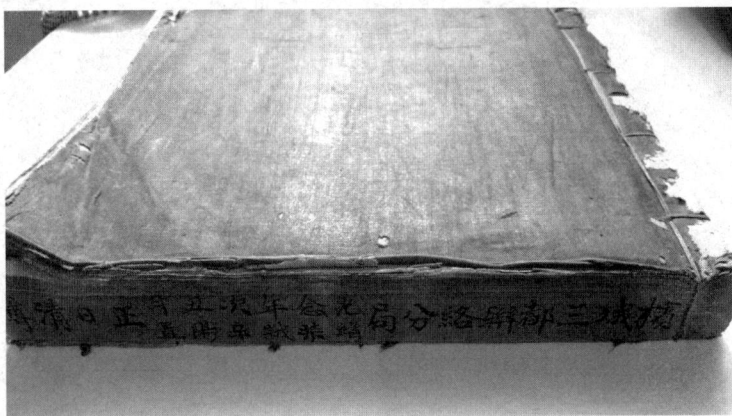

槟城三都联络分局光绪年间正日清簿（邱财宝 提供）

根据槟城三都联络分局光绪年间正日清簿《三都联络原序》记载：

邀诸绅耆之廉慎者倡后，募捐略已就绪，不敢不斋送外洋，贻诚疏漏。如有同志助捐，点滴归公，帝天共鉴，以事行庶可补……

光绪二十二年（1896 年）四月　　日，阖都绅耆公启

落款"阖都绅耆公启"，说明 1896 年祖地三都成立三都联络局时，槟城侨团正在募捐筹备。

《槟城三都联络募捐善后序》记：

陆续募捐经费，共集六千贰百二十六元，其中六千元寄邱、谢、杨三公司轮流生息，递年后寄往沧江联络总局以应经费，并制定相应的使用管理规条……

光绪二十七年(1901年)阳月　日,槟城三都联络分局董事邱天保、温文旦、邱有用、林有汜、林花鐕、杨应万、蔡水义、谢自友、杨允雨、谢应菜启

落款"光绪二十七年(1901年)阳月　日,槟城三都联络分局董事邱天保、温文旦、邱有用、林有汜、林花鐕、杨应万、蔡水义、谢自友、杨允雨、谢应菜启",正式署名"三都联络分局"。

在《槟城三都联络募捐善后序》中的《规条》规定:

本分局设公印一颗,曰"槟城三都联络分局印"等字样,收印剖分三角,邱、谢、杨三公司各执一角,凡事用印必集三姓合而盖之方能准行。并明确1896年槟城侨胞发起募捐,所募款由邱、谢、杨三公司轮流生息,利息寄往"沧江联络总局"。设查账确认所汇款使用无误,方能继续拨款,查账有问题待整改后再拨付。

根据以上记述,此时槟城设三都联络分局,祖地海沧则为沧江联络总局,即三都联络总局,址设沧江书院。

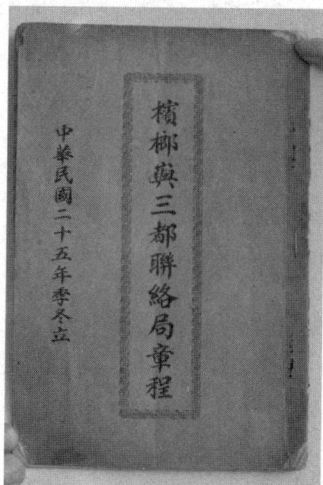

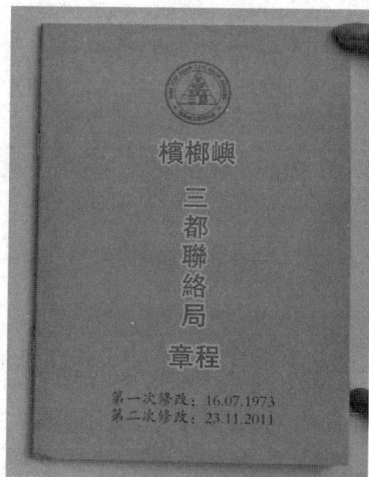

马来西亚槟城三都联络局章程

《槟榔屿三都联络局章程》(1936年)冬立,确定该局名称:

定名为槟榔屿三都联络局。

住址:槟榔屿本头公巷街门牌五十七号。

章程"定名为槟榔屿三都联络局",根据槟城三都联络局历任局长的任职记录,第一位局长:林成辉先生,任职年限是1936年。之前创会邱天德等先贤称为"创办人"。据此推测,祖籍地海沧三都联络局于1936年对应改为"三都联络分局"。

附录槟城三都联络局创办人、历任董事长[①]如表。

表2-4　槟城三都联络局创办人、历任董事长

创办人	邱天德　温文旦　林花鐕　邱天保　谢自友　林有汜 杨应万　杨允雨　蔡水义　谢应莱	
历任局长 (任期)	林成辉(1936) 杨国梁(1952—1960) 杨允全(1967—1969) 温振祥(1972—2010)	周晋材(1948—1951) 邱有益(1961—1966) 温开西(1970—1972) 许保志(2010—至今)

槟城、海沧两地三都联络局组织的创立,极大促进了两地乡亲的联系。据上述,1900年槟城三都联络分局成立后,将募捐到的资金交由槟城邱、谢、杨三家公司经营生息,收益在槟城、厦门两地购置房产出租,收取租金服务乡人,支援家乡。

三都在马来西亚的华侨,自清咸丰元年(1851年)就陆续有组织

---

① 《马来西亚槟榔屿三都联络局105周年庆典纪念特刊》。

的募捐支援家乡,救助乡人,并通过购置房产出租,投入扶贫救济、教育服务等公益事业。根据邱廛兢在民国十九年(1930年)任沧江小学校长时,为厘清和保护侨产而编制的《沧江业产契据汇刊》(参见附录三)记述,三都联络分局购置或典当的房产共有23笔。购置最多的年份是在光绪年间,特别是光绪二十六年(1900年)购买2笔,金额3130两。光绪二十八年(1902年)购买1笔,金额1350两,正值槟城三都联络分局创立。另外,较大1笔是在民国二年(1913年),正是孙中山先生领导的中国民主革命胜利之时,也印证了三都在东南亚的华侨对孙中山先生革命的支持。

表2-5　三都联络局及海外华侨募捐在厦购置房产数量、金额汇总表

购置房产方式	数量(处)	年代	金额(银两)
购买房屋或商店	1	咸丰年间	700
	2	同治年间	415
	14	光绪年间	7309
	4	民国时期	2200
典当房屋或商店	2	光绪年间	310
		民国时期	360
合计	23		11294
备注	典当:乡民为筹集出国路费用房屋或商店抵押借款		

资料来源:根据邱廛兢编制的三都联络分局《沧江业产契据汇刊》整理。

槟城三都联络局旗帜（2014年海沧侨台宗亲文化展资料）

三都联络分局名称的椅子特写

黄昱臻摄

现存于海沧中心小学印有
"三都联络分局"名称的靠背椅

民国二十八年（1939年）四月，海澄县第四区教育会成立，地点设在沧江小学内的三都联络分局。据海沧中心小学（原沧江小学）校史记载，1938年，校长邱思亮为三都联络分局董事会成员，并担任秘书工作。三都联络分局为学校添置大批的课桌椅和教具，免费提供给全校200多名童子军制服和训练用具，高薪聘请一批具有真才实学的优秀教师来校任教。根据"福建省海澄县第四区教育会登记表"记录，教育会为民众团体，其主要职能是：提倡复课，侦查汉奸，研究战时教育及教学法，调查本区失学人数，接受政府咨询及委托，其他关于教育事业之发展改善及推广事项。可见此时三都联络分局作为民众团体发挥了积极的作用。

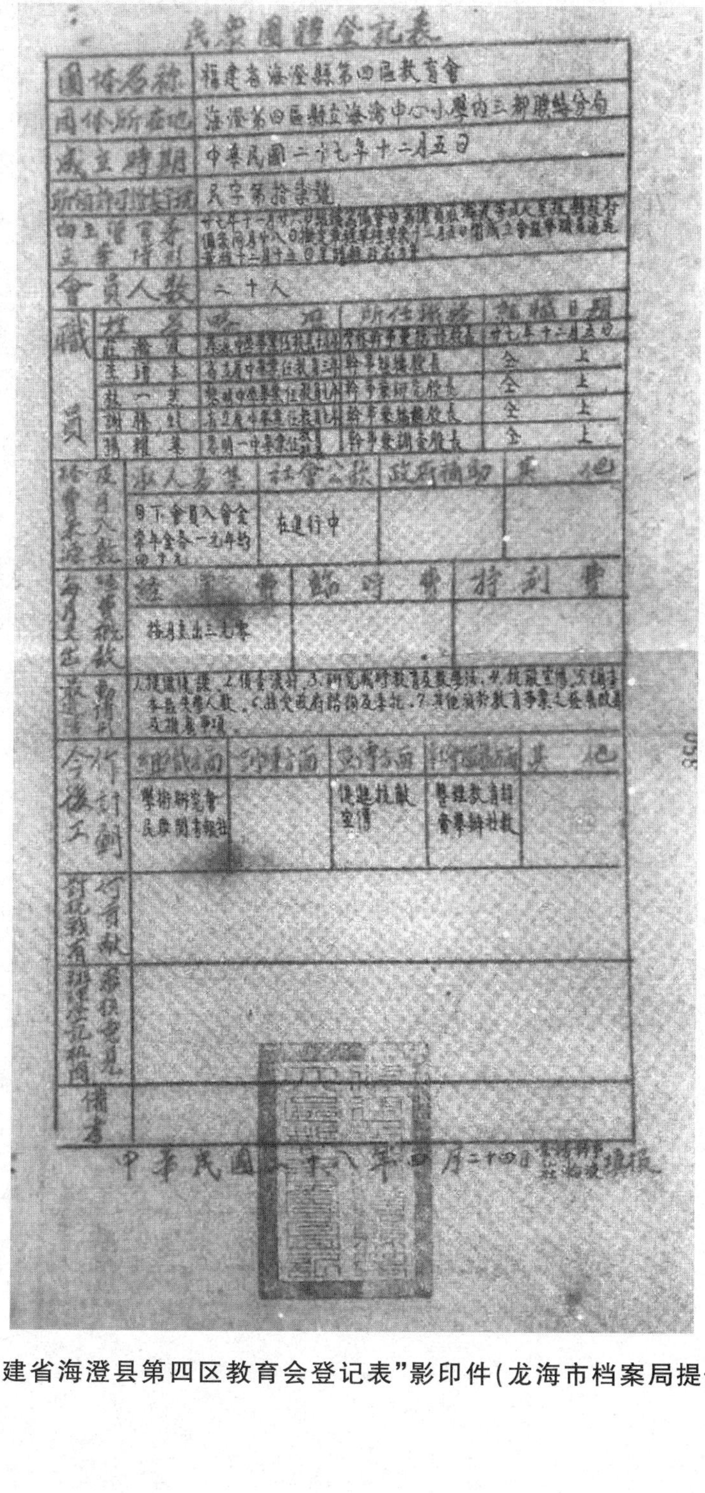

"福建省海澄县第四区教育会登记表"影印件(龙海市档案局提供)

在过去的一百多年里，海内外三都联络局组织携手造福桑梓，充分体现其创会宗旨，海外侨胞情系故里，亲情、乡情代代传承延续。

2.新中国成立后

旧中国政府无能，同胞备受帝国主义、殖民主义压迫和欺凌。华侨具有爱国爱乡、爱中华民族的传统，迫切希望祖国繁荣昌盛。在东南亚的三都华侨与祖国命运紧密相连，从孙中山先生1894年在华侨中创立兴中会开始，三都华侨积极支援和参加辛亥革命，他们和祖国人民一道出钱出力，代表人物杨衢云、庄银安、邱菽园、邱明昶等积极参与孙中山先生领导的辛亥革命，在中国民主革命史上写下可歌可泣的篇章。为纪念他们的无私贡献，中国华侨历史学会在2012年纪念辛亥革命110周年时，制作了记录片《一代三都人》，纪念东南亚华侨追随孙中山先生民主革命事迹，再现海外华侨与居住国人民同呼吸、共命运，积极支持并参与当地反对帝国主义、殖民主义、法西斯侵略和争取民族独立斗争的历史。2011年，马来西亚拿督温子开先生①荣膺"槟州独立斗士荣誉奖"，是四位获此殊荣的唯一华裔代表。

新中国成立后，党和政府对华侨关怀备至。三都联络分局及其组成社团重新组建，虽几经周折，几易名称，但其服务党和政府工作大局、服务华侨的宗旨未变。特别是2003年海沧行政区成立后，中共海沧区委依据《中国侨联章程》筹建海沧区归国华侨联合会，依法依规重建厦门海沧华侨三都联谊会及其组成社团，并与马来西亚槟城对应的侨团重建联络关系。

1951年全国土地改革，三都联络分局的房屋等资产被没收或征

---

① 拿督温子开，海澄县三都（今海沧温厝村）人，原马来西亚《光华日报》董事经理。

用。20世纪50年代,将原侨房出租所得租金在海沧中学开办一个侨生班。其组成的邱、谢、杨、林四姓社团组织,在海澄县委、县政府的领导下,成立华侨团体,发挥海外优势,团结华侨,争取侨汇,为新中国建设,为国家的统一发挥力量。时三都联络分局组织领导主要由市、县部分侨联工作者兼职活动。

1953—1957年,邱玉堆,海澄县侨联第一届、第二届委员会副主席兼任海澄三都联络分局董事,负责财政。

1958年至"文化大革命"时期,根据原海沧区侨联第一届委员会副主席、海沧三都联络分局董事长林中鸿的口述,邱崖兢(原厦门市侨联副主席)任三都联络分局董事长。

经查阅1953—1958年海澄第四区(海沧区)侨乡的资料,记述如下:

> 归侨侨眷积极加入乡"农民协会",入股合作社,参加劳动,兴办公益,得到政府和人民的肯定。1954年干旱,石塘乡世德堂扩大侨汇款550元,救济给140户,每月侨汇柒百银圆,给孤寡人员每月叁元。霞阳乡"植德堂公司公益事业贡献大"。新垵乡"华侨在建筑校舍、电灯等公益事业在群众中起一定的影响,侨汇对国家经济建设,繁荣地方经济的好处"。

> 在全国归侨侨眷代表会上,代表发言说:"海沧区石塘乡世德堂公司常年负责该乡石塘小学全部学生书本费。新垵诒毂堂公司修建该乡小学校舍,建人民讲台。"[1]

此时,三都联络分局无固定资产收入,作为民间华侨组织发挥组织、联系归侨侨眷和海外华侨的作用,旗下社团在当地党委、政府领导

---

① 《海澄县侨联》档案,龙海市档案局提供。

下,改造成立新的华侨社团组织,积极投入家乡建设,贡献良多。

表 2-6　三都联络分局旗下华侨社团简表

名　　称	姓氏	所在地	成立时间	备　　注
新垵华侨诒榖堂	邱姓	海沧新垵村	1951	海澄第四区侨乡工作档案及 1989 年集美区民间侨团登记资料
石塘华侨世德堂	谢姓	海沧石塘村	1955	
霞阳华侨植德堂	杨姓	海沧霞阳村		
鳌冠林氏敦本堂华侨理事会	林姓	海沧鳌冠村	1962	

新垵华侨诒榖堂。根据《新垵乡华侨诒榖堂代表会代表名单与工作概况》(1955 年 2 月 29 日)送海澄县委统战部报告摘要:

本会于一九五一年十一月经区委姜美臣指示,组织报上级批准为人民团体有案。本会第一届代表大会任期三年,于一九五四年届满。本年二月第二届代表大会代表名册送请存转备查,并将本会工作报告如下:

侨团主要工作:争取侨汇,协助文教事业,修村路建戏台,赞助文体活动经费,认购 1954 年建设公债 110 万元,推动归侨侨眷认购,接待缅甸华侨归国观光团四批。

石塘华侨世德堂。根据石塘谢氏世德堂华侨联谊会整理的资料摘录:

华侨世德堂成立于一九五五年。负责联络海外华侨团体,接待归国华侨华人,服务家乡侨属侨眷,为家乡发展教育事业服务。一九五六年秋季在石塘育才小学开办"侨办班";一九六四年为解决农村缺医少药,农民就医难问题,配合海沧公社、三都联络分局,争取侨资,在石塘兴建成立海沧华侨防保院。

厦门市海沧华侨医院成立典礼

照片上前排左边第一位张同壁(归侨),后排右边第一位谢打锡。

鳌冠林氏敦本堂华侨理事会。根据(1957)县侨政字第 0694 号《关于鳌冠村成立敦本堂华侨董事会的批复》摘录:

> 林和音先生,一九五七年四月一日来信收悉。由于华侨热心家乡公益事业,申请成立鳌冠敦本堂华侨董事会侨团组织,以便更好与海外联系,团结国外华侨,争取侨汇,创办地方公益事业。经我委研究,同意组成华侨鳌冠敦本堂华侨董事会的侨团组织,对组织形成及其董事人选,可由你们研究并将人选名单及组织情况汇报我委。
>
> 特此批复。
>
> 海澄县人民委员会
>
> 1957 年 4 月 18 日

据林和音先生之子林中鸿口述：海沧鳌冠林氏敦本堂暨勉述堂有五六百年历史，清朝中晚期大量族人远渡南洋，并聚居于马来西亚槟城，于1863年向当地政府申请注册林公司敦本堂，为常设机构。自此之后，两地联络畅通，一直延续到全国解放。新中国成立后，侨务工作得到国家重视，相继出台了关于侨务工作的一系列政策。当时，我父亲林和音（归侨）也是侨务工作者，得到当时县侨务部门的指示"尽快恢复民间华侨组织"，于是向海澄县政府提出成立"林氏敦本堂华侨董事会"申请报告，很快得到县政府的批复。经过一年的筹备工作，1958年适遇行政区划调整，海沧区划归厦门管辖，尽管如此，仍得到厦门市侨联的极大关注并给予有力的支持和指导，于1958年仲夏成立。

在林氏勉述堂前合影，前排右三：邱厪兢

1958年成立鳌冠敦本堂华侨理事会（林中鸿 提供）

时任市侨联副主席邱廑兢亲临成立大会,并与全体董事成员合影留念。经当时市侨联汪万新、邱廑兢的大力支持,海沧槟城两地关系很快接通。

2017 年 8 月 26 日　林中鸿

总之,1949 年新中国成立后,海沧民间华侨社团组织融入社会主义大家庭,侨团政治面貌、机构设置、人员组成等焕然一新。

表 2-7　新埗乡华侨诒縠堂代表会第二届代表名单

职务	主席	副主席	司理	财政	查账	代表
姓名	邱美斯	邱扬达	邱六塔	邱玉堆	邱卫发	邱平达等 10 人,成分为贫农、中农
性别	男	男	男	男	男	
年龄	32	36	40	65	60	
成分	贫农	中农	小土地出租者	小土地出租者	中农	

从前述《新埗乡华侨诒縠堂代表会的报告》中可知,新埗乡华侨诒縠堂是经海澄县党委批准的人民团体组织。其名称、人员机构设置有明显的华侨特色,说明民间华侨宗亲社团经过社会主义改造后,成为建设海沧侨乡的重要社会组织,也为侨乡各华侨宗亲社团的设置作示范。华侨诒縠堂的机构设置与槟城龙山堂相似,设有司理、财政、查账,但主体人群改变了,侨团虽由邱姓人员组成,但完全没有宗族色彩,以贫农、中农为主体,原海澄县第一、二届侨联副主席担任财政,体现中国共产党的领导,翻身解放的贫下中农当家做主;体现党和政府对华侨的重视和关爱,为日后海沧民间华侨社团的建设奠定基础。

"文化大革命"时期,华侨归侨受到不公待遇,民间华侨组织受到冲击和破坏,三都华侨联络分局及其组成的社团解散,海外联系中断。

但在那"动荡的年月中,侨乡家庭组织因其特殊地位,并没有被彻底终结,而是变换形式继续存在"①。在 1966 年至 1976 年间,华侨三都联谊会及其他民间华侨(宗亲)社团组织工作及海外联系,谨小慎微,整体侨务工作几乎停顿,有关的资料销毁殆尽。原来从事侨联及侨团工作的一些同志,个人做些接待来访的工作,一直到 1978 年实行改革开放,侨务工作逐渐恢复。

3.改革开放以来

1982 年,海沧镇侨联成立,原来工作的老同志谢打锡、邱杨达、温崇祺、邱跃土、杨允领、林中鸿、周科文、张燕能、蔡亚森、谢丕西、廖淑女(女)等热心人,积极筹备申请恢复"海沧华侨三都联络分局"的工作。1984 年 3 月,中共厦门市郊委统战部(1984)第 04 号文批复:经研究,同意厦门市郊区海沧华侨三都联络分局恢复活动。自此复之日起对外办公。

1984 年,延续 20 世纪 50 年代第一届海沧华侨三都联络分局董事会依次递进,成立第二届海沧华侨三都联络分局董事会,谢打锡同志担任董事长,直至 1996 年。本届侨团完成三件工作:恢复三都联络分局工作;落实华侨政策,申请退返位于厦门思明区镇邦路 90 号、104 号、108 号三栋房屋,海沧大街街尾 6 号、23 号、街中 80—82 号、168 号,大桥头 145 号五栋房屋并出租。

1990—2003 年,因行政隶属关系多次变更,华侨三都联络分局先后隶属原集美区侨联、杏林区侨联,名称改为海沧华侨三都联谊会,其组成的四姓宗亲社团改为华侨理事会。遗憾的是,在谢打锡任职期

---

① 许金顶:《新阳历史文化资料选编》,广州:花城出版社,2016 年,第 2 页。

间,人员少,没有固定办公场所,没有专人做文书,有关申请恢复活动报告、申请退还房屋及前期与海外联系等资料,由谢打锡个人保管。他过世后,家人清理遗物时,当废纸烧毁。

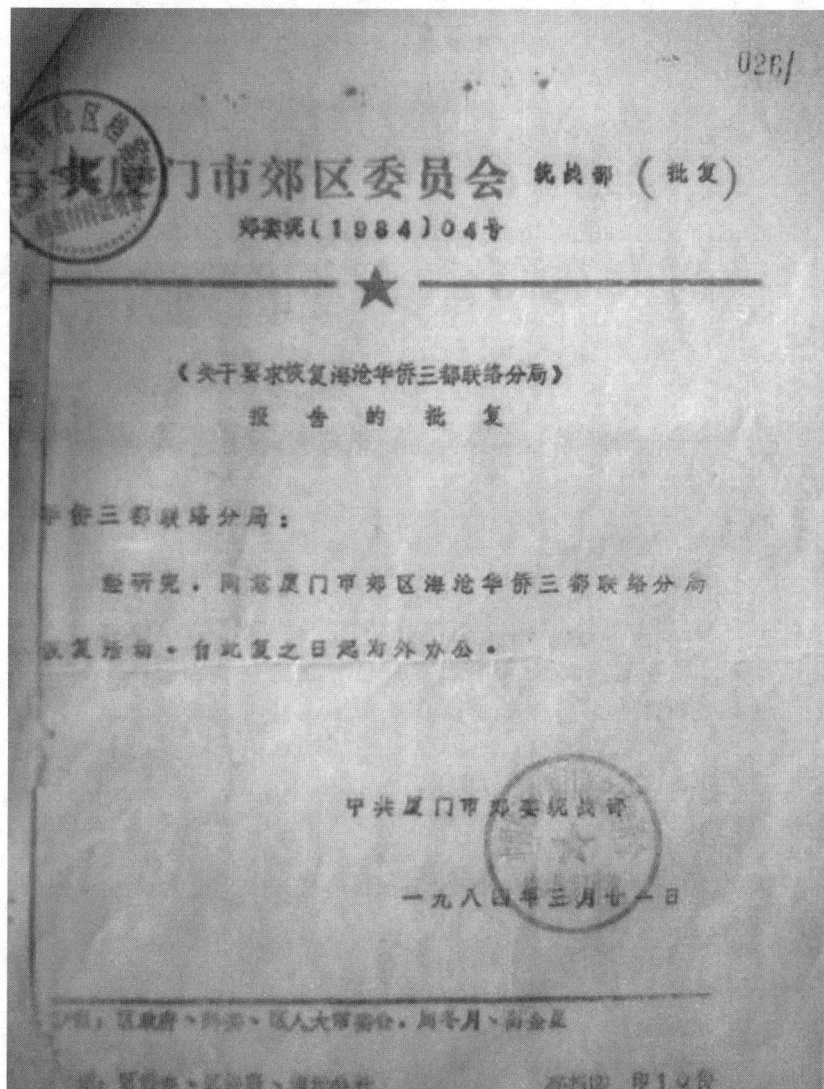

华侨三都联络分局申请恢复活动批复文(华侨三都联谊会提供)

91

华侨三都联络分局恢复活动后成立新班子及成员(集美区档案局提供)

1984年海沧华侨三都联络分局获准恢复活动,成立第一届理事会合影

第一排左起：温宗海　杨允学　谢打锡　温崇祺　邱扬达

第二排左起：谢水枝　杨允领　蔡亚森　廖淑女

第二排左起：邱先助　林中鸿　邱跃土　张燕能

　　2003年,厦门市行政区划调整,海沧行政区成立,区委、区政府即筹备海沧区归国华侨联合会。2004年,海沧区侨联成立,海沧华侨三都联谊会为侨联直属会员。根据要求,重新制定联谊会活动章程及财务管理制度。在主管单位区侨联的指导下,工作走上规范化、制度化轨道。

　　重新制定《海沧华侨三都联谊会章程》,就社团的名称、性质、宗旨、机构设置、会员资格、义务与责任等相关事宜制定规则。主要内容有如:

　　社团名称:海沧华侨三都联谊会(原海沧三都联络分局)

　　社团性质:慈善公益,非营利性质的华侨社团

　　社团宗旨:以侨为本,为侨服务,发挥桥梁与纽带功能作用

　　会员资格:拥护中国共产党的领导、爱国敬业、政治清廉、热心慈善公益事业,且愿意义务为侨服务的海沧籍归侨、侨眷,或热心为侨服务的工作者。本着个人自愿的原则,可申请加入本会。本会原则上以海沧籍归侨侨眷为主体。

华侨三都联谊会建章立制文件汇编

　　义务与职责:所有会员均系义务的自愿者,会员应树立为侨服务的思想。本着初衷意愿为侨服务,为他们排忧解难,不得向对方索要财物,不做有损于本会声誉的出格行为。会员不得擅自以本会的名誉

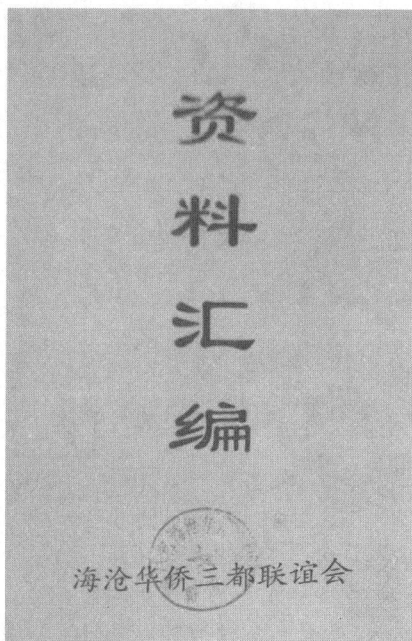

非法经营营利或其他违法犯罪行为，严重者本会将保留追究其法律责任的权利，后果自负。董事长主持日常工作，副董事长协助配合其工作。秘书长主负责办公事务，收集整理资料，并做好归档工作。财务会计、出纳应每季度及年度向董事会提交财务执行情况报告（财务制度另文规定）。

机构设置：设董事会，董事人数为九至十一人；董事会设董事长1名，副董事长1至2人，秘书长1名；常务董事5名（含正副董事长、秘书长）；董事会下设财务处，财务会计、出纳各一名。

董事会董事产生办法：原则上由会员提名，及本届董事会推荐相结合，经民主协商，推荐出新一届董事会成员人选，并报送上级主管部门审核，后再交由会员大会表决通过。大会票决人选时，与会人数不得低于应到会人数的三分之一，方可表决。中选者必须获得与会人数的半数以上方可当选。新一届董事会的职务分工采用民主协商或参照产生董事人选的办法执行。每届任期原则上5年为一届。

本会重要事项应通过董事会研究决定，重大事项要及时向上级主管部门请求汇报。

建立《海沧华侨三都联谊会财务制度》，制定财务管理制度。

实行民主理财，监委每年对董事会检查账目一次，每季度公布账目一次。

财务实行一支笔审批，分组管理，如修理房屋以及接待或其他费用伍百元以内，由董事长决定，并向副董事长、秘书长通报。伍百元以上的经董事长、副董事长、秘书长研究决定，同时在召开会议时向全体董事通报。

房屋出租的租金，由董事长、副董事长、秘书长研究决定，并向董事会通报。

出差误工补贴:工作需要,往区外,误工补贴及伙食费每人每天人民币30元,车船费实报实销。

参加会议补贴,董事会召开会议,中午餐由董事会负责伙食,或给予30元人民币。

在完成制定章程和建立财务制度后,于2005年依法社团登记。《厦门市海沧区民政局关于准予"厦门市海沧华侨三都联谊会"登记注册的批复》:根据《社会团体登记管理条例》的规定,经审查,准予登记注册,属社会团体法人,其业务主管单位是厦门市海沧区归国华侨联合会。

三都联谊会完成法律登记,班子成员除原董事长陈新赐因超过法定登记年龄,改任名誉职务,由林中鸿接任,其他原班子成员保留。至2010年届满,重新调整班子,完善制度。

按章程规定,联谊会于2010年换届,产生新一届领导班子。《海沧区侨联关于同意厦门市海沧华侨三都联谊会新一届董事会成员的批复》:

经研究决定,同意经代表大会民主协商提出的新一届董事会成员11名,分别是林中鸿、陈新赐、邱跃土、许瑞发、杨允领、温宗海、蔡亚森、谢福坤、颜笛、林千根、邱在盛。常务董事5名:林中鸿、陈新赐、邱跃土、许瑞发、颜笛。林中鸿同志为董事长,邱跃土、许瑞发2位同志为副董事长,杨允领同志为秘书长,陈新赐同志为名誉董事长。

2017年,按照区委统一部署,华侨三都联谊会及其组成侨团成立"中共厦门市海沧区侨团兼合式支部委员会"。

支部书记:颜笛

党员:许瑞发 陈新赐 谢福坤 颜 笛 邱锦容 邱天在 张勤强

2002—2017 年,华侨三都联谊会组成的邱、谢、杨、林四姓民间华侨社团组织也相应完成了各自的登记工作,因登记时间不同,名称亦不同,团体保留在华侨三都联谊会。相关情况具体如下:

表 2-8　华侨三都联谊会旗下社团登记表

姓氏	团体
邱	裕文堂华侨理事会（2002）
	文山堂华侨理事会（2002）
谢	石塘谢氏世德堂华侨联谊会（2006）
杨	新阳街道霞阳村华侨联合会（2016）
林	鳌冠敦本勉述华侨文化交流中心（2017）
备注	（　）内时间为该侨团登记时间

邱氏:新垵邱氏诒榖堂华侨理事会。该会于 2002 年注册登记两个华侨宗亲社团,分别为厦门海沧台商投资区裕文堂华侨理事会和厦门海沧台商投资区文山堂华侨理事会,现法人分别为邱天在、邱武进。因原新垵邱氏诒榖堂华侨理事会负责人邱跃土是裕文堂华侨理事会登记法人,按规定不能再兼任诒榖堂华侨理事会的法人,故诒榖堂华侨理事会没有社团登记。有独立会所,社团经济来源是房产出租。

谢氏:石塘谢氏世德堂华侨联谊会。该会于 2006 年社团登记,法人:谢福坤。有独立会所,社团经济来源是房产出租。

杨氏:新阳街道霞阳村华侨联合会。在厦门行政区划调整前曾登记:杨衢云基金会,后因两年未年检,按规定该社团被注销,重新登记不能沿用原来的名称。该会于 2016 年社团登记,法人:杨元友。有独立会所,社团经济来源是房产出租。

林氏:鳌冠敦本勉述华侨文化交流中心。该会于 2017 年社团登记,法人:林文勇。有独立会所,无固定社团经济收入。

(四)现　状

联谊会整体机构设置保持社团登记时架构,班子成员由邱氏、谢氏、杨氏、林氏各华侨社团推荐代表及辖区内热心华侨工作的同志组成,共11人。登记法人:理事长,日常按惯例仍称"董事长"。社团办公会所有值班人员。

表 2-9　现任华侨三都联谊会机构、人员简表

名称	厦门市海沧华侨三都联谊会					
地址	厦门市海沧区海沧大街尾 6 号			邮编	361026	
法人	许瑞发	电话		邮编	361026	
党支部	书记	颜笛	电话			
	委员	许瑞发　陈新赐　谢福坤　邱锦容　邱天在　张勤强				

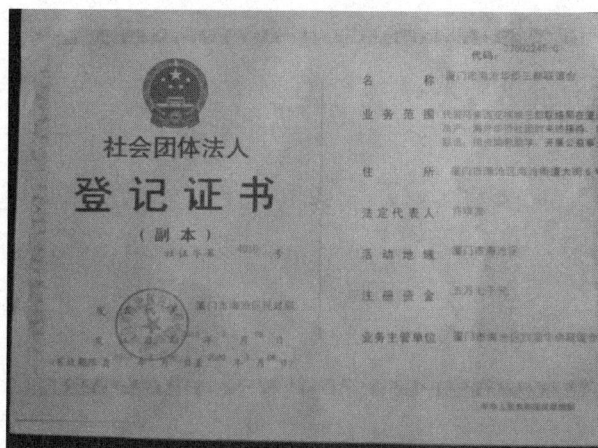

社团登记证书

日常事务。按"社会团体法人登记证书",其业务范围:代管马来西亚槟城三都联络局在厦门房产;海外华侨社团的来访接待,联络联

97

谊;捐资助教助学,开展公益事业。

上级管理单位。主管单位:区侨联。登记机关:区民政局。业务接受区侨联领导,照章办事,有较完整的工作记录。侨团每季度或根据需要召开董事会议,研究布置相关工作。如2009年侨团届满,准备换届,8月18日召开董事会议,并记录会议研究的事项:

研究换届事宜,呈送区侨联关于换届请示报告,商讨新一届人事拟任名单。初步决定在11月召开会员大会。

研究决定由林中鸿、许瑞发、谢福坤三位同志参加区侨联组团赴金门、台湾开展两岸宗亲交流活动,时间十天。

中秋活动安排。

房产评估情况及现场检查租户李宝国房屋维修验收。

听取半年财务工作汇报。联谊会每年按时年检,提供律师所"财务审计报告"、年度工作报告及年检所需的材料。

联谊会工作制度化、规范化,卓有成效,取得显著成绩,受到党政部门和社会各界群众的好评。

海沧区成立以来,华侨三都联谊会及各民间侨团多次获中国侨联、福建省侨联、厦门市侨联的表彰。

2004年,华侨三都联谊会理事长林中鸿获中国侨联授予"先进工作者"称号。

2012年,海沧石塘谢氏世德堂华侨联谊会被厦门市公务员局、厦门市侨联授予"先进集体"称号。

2013年,厦门市人民政府台湾事务办公室授予海沧石塘谢氏世德堂华侨联谊会海峡两岸(厦门)交流基地牌。

2014年,海沧石塘谢氏世德堂华侨联谊会理事长谢福坤获中国侨联授予"先进归侨侨眷"称号。

2015 年通过民政部社团评级"AA"

荣获省级先进奖牌

近年来,各侨团先后被福建省侨联授予"侨友之家"。

华侨三都联谊会成员陈新赐、林中鸿、许瑞发、林千根、颜笛等多位侨务工作者,荣获中国侨联授予"从事侨联工作 20 年以上工作者"勋章。

厦门市侨联首批"侨友之家"授牌

附：历任华侨三都联谊会董事会成员

第一届（1958年）

董事长：邱廛兢

副董事长：邱马地

理事：陈其纯　温宗祺　林莲英（女）　谢打锡　林和音

第二届（1984—1996）

董事长：谢打锡

副董事长：邱扬达　温崇祺（兼会计）

董事监委：杨允学　林中鸿

理事：邱仙助　邱跃土　杨允领　蔡亚森　温宗海　张燕能（兼出纳）　廖淑女（女）　谢水枝

第三、四届（1996—2004）

董事长：陈新赐

副董事长：邱跃土　林中鸿

秘书长：杨允领

监委:许瑞发　杨允学

董事成员:温宗海　蔡亚森　谢丕西　杨允学　邱再盛　谢福坤
林千根

第五、六届(2005—2015)

名誉董事长:陈新赐

董事长:林中鸿

副董事长:邱跃土　许瑞发(兼出纳)

秘书长:杨允领

董事:温宗海　蔡亚森　谢福坤　颜笛　林千根　邱在盛

第七届(2015—至今)

名誉董事长:陈新赐　林中鸿

董事长:许瑞发

副董事长:颜笛

秘书长:张勤强

董事:林千根　谢福坤　杨建宏　邱锦容　邱天在　邱武德

林中鸿

陈新赐

许瑞发

颜　笛

张勤强

谢福坤

邱锦容

邱天在

邱武德

杨建宏

现任联谊会理事会成员(黄昱臻　摄)

第三章

三都乡情

国有拳拳护侨意,侨有眷眷爱国心。

海外华侨的命运与祖国的兴衰荣辱休戚相关,国家强大是海外华侨坚实的后盾,侨胞心系故土,一向关心和支持祖国的革命与建设。海沧华侨出国早,经历艰辛与困苦,说九死一生不为过,他们为谋生而去,对故土念念不忘。正如《三都联络原序》所云:"走千万里风波瘁,数十年心力无非为事父兄,贻子孙计。"为此,先辈不畏拼搏和牺牲,在居住国融入当地社会的政治经济文化各项事业中,同时热心支持家乡的革命和建设,树立华侨爱国爱乡的优良传统,激励后人继往开来,积极投身家乡建设伟大事业中。

一、重建海内外民间华侨组织的联系

(一)恢复重建辖区民间侨团组织

继1984年华侨三都联络分局恢复活动后,区内各姓氏民间华侨组织相继申请恢复活动。

表 3-1　集美区人民团体、民间华侨组织登记表(1989 年)摘录

团体名称	何时创立	现居何届	现负责人
海沧华侨三都联络分局	1958 年 10 月	二届	谢打锡、邱扬达、温崇祺
海沧石塘世德堂	1955 年 4 月	二届	谢打锡、顺从、承保
海沧吴冠敦本堂	1962 年 12 月	一届	林中鸿、林汉宗
海沧钟山村诒榖堂理事会	1988 年 7 月 (1987 年申请恢复)	一届	蔡明德
东孚后柯华侨瑞鹊堂董事会	1985 年 3 月 (申请恢复)	二届	柯金炼、柯金銮
东孚鼎美华侨敦睦堂	1946 年创办 (1986 年申请恢复)	十届	胡汉稀、胡炳坤、胡定铭
东孚祥露怀恩堂董事会	1947 年	六届	庄温颜
备　注	林中鸿校正:吴冠敦本堂填写"一届"有误。因为第一届的负责人是林和音、林明朝、林有朝,不是林中鸿、林汉宗。		

由上可见,海沧的民间华侨团体以地域、姓氏为名,这是历史传承下来,是侨乡的特色。因其特殊性,虽历动荡的年代,仍然存在。改革开放后,各级侨联成立,响应中国侨联"组织起来,行动起来"号召,在基层成立侨团组织,海沧的民间华侨组织改为"联谊会"、"华侨理事会"。

2002 年,国家出台《社会团体登记管理条例》,因以前民间华侨社团是侨联的会员单位,没有要求年审。按新出台的管理条例规定社团两年未年审,将被注销,故原有的华侨联谊会、理事会被注销。同年,新垵华侨诒榖堂因侨房管理,需法人登记,经申请,海沧台商投资区社会事务局,准予新垵邱氏文山堂华侨理事会、裕文堂华侨理事会,登记注册。

2006 年,参照已登记侨团的做法,区侨联协调民政局,批准了石塘谢氏世德堂华侨联谊会、东孚鼎美胡氏敦睦堂华侨联谊会登记注册。之后,市民政局通知不能用姓氏登记法人,停止了华侨宗亲组织的申请。

2006 年辖区四个民间华侨社团组织

图中海沧华侨三都联谊会、海沧石塘谢氏世德堂华侨联谊会、东孚鼎美胡氏敦睦堂华侨联谊会为新登记的华侨宗亲社团。海沧新垵诒穀堂华侨联谊会沿用旧名(文山堂、裕文堂已登记)。

(二)重建海沧、槟城侨团联络

三都联络分局恢复活动后,和华侨宗社团通过各种管道开展与槟城侨团的联络。1996 年,槟城龙山堂邱公司主席丹斯里拿督邱继圃先生率团回乡寻根祭祖,得到了原杏林区委、区政府、侨务部门领导、华侨联谊会、乡亲们的盛情欢迎,侨胞感受家乡的温暖,洽谈回乡投资的愿望,出资 680 万元在祖地重建正顺宫。

华侨三都联谊会(下简称联谊会)参与对回乡侨团的接待,透过他们邀请槟城三都联络局回来,同时利用国内华侨资源,积极宣传家乡,希望两地三都联络局组织尽早对接。2002 年,组织董事会成员拜访中国侨联,介绍海沧侨乡和民间侨团发展情况,希望上级侨联帮助联络海外侨胞和侨团。

2002 年中国侨联林祖沛副主席在京接见联谊会理事

在京的林中鹏[①]等人,给予了大力支持,在出访考察时,特别关注和联络了海沧的侨亲及侨团,为联谊会海外联谊牵线搭桥。

2001 年,应槟城林氏九龙堂邀请,联谊会第一次组团出访马来西亚、新加坡。访问团陈新赐、林中鸿、许瑞发、谢福坤、温宗海、林千根、蔡亚森、许定等拜会槟城龙山堂邱公司、林氏九龙堂、杨氏植德堂、谢

---

①　林中鹏,海沧鳌冠人,原中国华侨文化基金会秘书长、中国有色金属研究总院高级工程师。

氏世德堂、三都联络局、漳州会馆。

时任马来西亚《光华日报》董事经理、槟城三都联络局信理员拿督温子开先生回到故乡，与联谊会接洽。此后，他多次回来，寻找三都的历史资料，为槟城三都联络局105周年庆典出纪念特刊做准备。

温子开到华侨三都联谊会座谈

温子开到华侨植德堂查找资料

2005 年 10 月,应马来西亚槟城三都联络局邀请,参与区侨联组团,对接槟城有关华侨社团,联系区内邱、谢、杨、林华侨理事会商定出访代表,出席槟城三都联络局成立 105 周年庆典。访问团带去了区委区政府对海外侨胞的问候和关怀,转赠中国侨联原主席庄炎林亲笔题词祝贺,受到与会的槟州政府代表和华林集团总裁林玉堂、槟州华人大会堂、福建会馆等与会社团嘉宾和海外乡亲的热情接待。

代表赠送中国侨联原庄炎林主席亲笔题词

访问团与三都联络局董事会合影

访问团参访槟城龙山堂邱公司(康志琛 摄)

拜访龙山堂邱公司座谈

拜访世德堂谢公司合影

拜访植德堂杨公司座谈

拜访林氏九龙堂、敦本堂暨勉述堂合影

拜访吉隆坡华侨温中墉（前排中间）

厦门机场迎接槟城访问团

访问团参访石塘谢氏世德堂华侨联谊会

访问团参访华侨三都联谊会

在马来西亚期间,走访了邱氏、谢氏、杨氏、林氏等海沧籍的社团及拜会槟州华人大会堂、福建会馆、福商公会等知名华人团体和侨领。拿督温子开等侨胞激动地说:"我们一直称自己是海澄三都人,今天你们来了,告诉我们,我们的家乡是厦门海沧,我们的家根在中国厦门海沧。"访问团还顺道访问新加坡同安会馆、香港厦门联谊总会等闽籍社团。

同年11月,槟城三都联络局组织槟州华人大会堂、福建会馆、福商公会及各宗亲侨团代表31人,由拿督温子开,准拿督蔡贵荣、蔡俊生等率团回访海沧,参观、了解海沧发展概况,与邱、谢、杨、林等华侨社团联谊。从此,海沧、槟城两地三都联络局组织实现了互访对接,两地侨亲、侨团的联谊、联络工作常态化。

(三)搭建新平台,广交新朋友

现在的海沧青礁慈济东宫,是国台办授牌的"海峡两岸交流基

地"，中国侨联授予的"中国华侨国际文化交流基地"，是海沧重要的旅
游地，国家4A级景区，百姓休闲的好地方。

青礁慈济宫正殿

海沧青礁慈济东宫加挂"中国华侨国际文化基地"牌

115

慈济东宫是海峡两岸民众宗教信仰、民俗文化交流的阵地，也是海外侨胞精神信仰的纽带。当人们沉浸在保生大帝慈济文化的敬仰、游览美丽风景如画的东宫时，兴致勃勃，很难将之与破烂不堪的"牛棚"联想在一起，而在以前，东宫就曾经被当作"牛棚"。为了解历史，回味乡愁，特此采访了联谊会的老同志，请他们回忆 20 世纪 80 年代主持重修青礁慈济东宫的情景。

重修东宫碑记(1989 年 12 月 22 日立)

青礁慈济宫建于北宋,距今800多年历史。20世纪70年代作为大队牛棚,因年久失修,至20世纪80年代,宫庙毁坏严重,时两岸关系开始缓和,有台湾同胞回来拜保生大帝,愿捐款重修,但没人牵头。镇政府领导请华侨三都联络分局负责主持重修工作,并挂牌成立"办事处"。

理事会组织名单

职别	姓名	性别	籍贯	现住住址	简历	备注
理事长	颜其芬	男		厦门市海沧、青礁		
"	温其祺	"	"	海沧、温厝	归侨三都联络分局董事	
理事长兼秘书	颜明远	"	"	海沧、青礁	历任教师、退休教师	常驻县侨联系人
理事兼出纳	颜瑞条	"	"	"	"	"
理事兼会计	颜长党	"	"	"	退休工人	"
理事	颜炎山	"	"	"	副村长	
"	颜开滨	"	"	"		

厦门市海沧华侨三都联络分局保护历史文物重修青礁慈济祖宫—东宫

董 事 会 组 织 名 单

职 别	姓 名	性别	籍贯	现在住址	简　　历	备注
名誉董事长	黄明芳	男	龙海县	菲律滨	龙同海同乡会监长	
"	颜井泉	"	厦门海沧青礁		今任漳州市外经委干部,曾任香港中国银行工作。	
"	谢 西	"	"	厦门市(侨)	黄埔军校十三届,退休干部。	
董事长	张燕能	"	"	海 沧	海沧侨联付主席,三都联络分局董事长,退休干部。	
"	谢打锡	"	"	海沧石塘	海沧侨联会主席,三都联络分局董事长,退休干部	
"	丘扬达	"	"	杏林 新安	三都联络分局董事长新安华侨胎谷堂董事长	
董 事	温宗海	"	"	海沧温厝	海沧侨联理事三都联络分局理事	
"	杨允源	"	"	杏林、霞阳	三都联络分局理事霞阳华侨植德堂理事	
"	林仲鸿	"	"	海沧、吴冠	海沧侨联会董事三都联络分局理事	

厦门市海沧华侨三都联络分局保护历史文物重修青礁慈济主宫

——东宫董事会、理事会人员名单

118

根据陈新赐、林中鸿、许瑞发等三位老前辈回忆整理，有关采访情况记录如下。

时间：2018 年 3 月 8 日

地点：青礁慈济东宫

参加人员：颜汉中（现东宫理事长，原海沧中心小学校长）、颜笛（华侨三都联谊会副理事长、东宫副理事长）、许瑞发（华侨三都联谊会理事长）、林中鸿（原海沧侨联第一届副主席、华侨三都联谊会理事长）、陈新赐（原海沧镇纪检书记、华侨三都联谊理事长）、张勤强（海沧街道办工作人员、华侨三都联谊会秘书长）。

林中鸿口述：东宫在"文化大革命"时作为部队驻地，20 世纪 70 年代归还海沧镇，20 世纪 80 年代台湾香客朝拜，建议重修东宫。当时没人敢牵头做，此事引起海沧镇领导关注。1985 年，海沧镇以三都联络分局为班底筹建，在东宫设立办事处，驻所人员有颜明远、颜长党、颜瑞条，颜明远任秘书。

陈新赐口述：20 世纪 70 年代末，东宫很破烂，做牛棚。前殿倒塌，三都联络分局成立修建慈济宫筹备小组，挂办事处牌，主持人谢打赐（时任三都联络分局董事长），由明远、长党、瑞条管理，先修山门。后来台湾香客慢慢多了，1985 年和 1986 年，台湾信众（台湾学甲宫）要修后殿，分二期，投资约 7 万元。他还提供了一册 1992 年 7 月由海沧华侨三都联络分局重修青礁慈济宫董事会、理事会编印的《福建省文物保护单位青礁慈济祖宫东宫史料》。

许瑞发口述：东宫筹建时，他任大队副书记，侨务组长。他回忆说，当时海沧镇成立管委会，台胞要来投资，政府没人出面，颜明灿（乡长）支持，要三都联络分局主持。工程由海沧村沧江建筑工程公司承包，资金分二期，第一期 4 万美元，时间为 1985 年、1986 年。二期 9 万

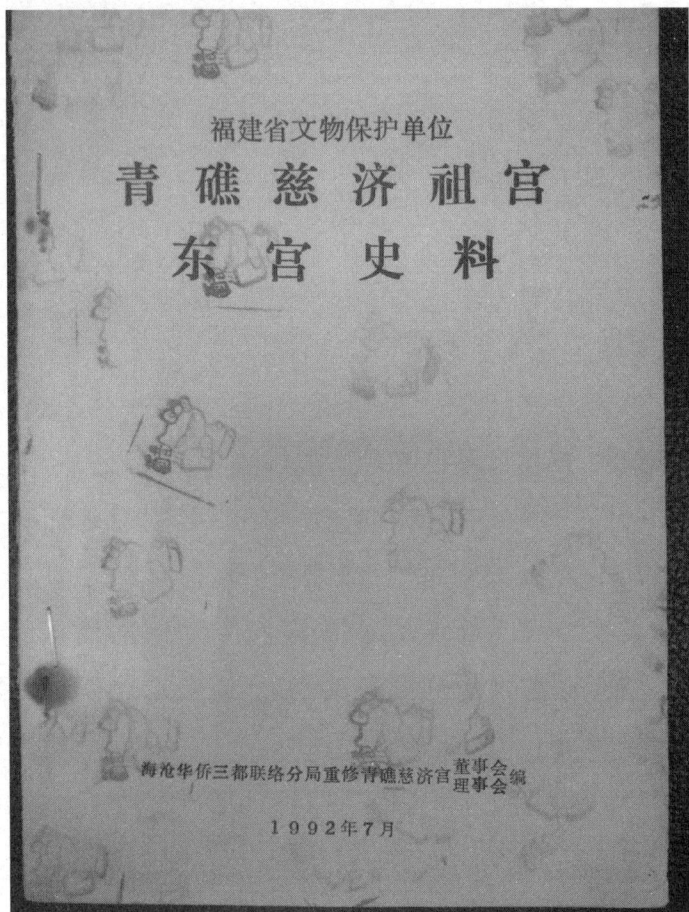

福建省文物保护单位

青礁慈济祖宫
东宫史料

海沧华侨三都联络分局重修青礁慈济宫董事会编
理事会

１９９２年７月

重修青礁慈济祖宫东宫史料

美元,时间为 1988 年、1989 年。谢打锡、张燕能、颜明远常来宫庙,明远代表常驻东宫。2000 年后,区、镇介入东宫建设管理,他也调到镇企业站工作,参与征地,院前 20 多亩,1200 多万元。三都联络分局参与东宫建设时间是 1985—1992 年。修建东宫时,有挂"三都联络分局重修东宫办事处"的牌子。

慈济宫重修竣工,吸引东南亚等地海外保生大帝宫庙信众和侨胞

颜进明博士率团来访得到区委领导及区侨联的热情接待

图片来源:海沧侨联:《十年初长成》(内刊)

前来进香、寻根,弘扬保生慈济文化精神,为侨联开辟了新的联谊联络平台,为创建中国华侨国际文化基地奠定了基础。原马来西亚世界颜氏宗亲总会秘书长颜进明博士多次率领访问团来访,因此与海沧侨联、三都联谊会、青礁村颜氏宗亲会结下了深厚的友谊。

二、拓展民间对外交流交往

三都联络局组织自诞生起,从海内外联系的纽带到发挥民间侨联的作用,从亲情联谊到民间对外交流交往都起到了特殊的作用。

(一)宗亲联谊

以地缘、血缘为纽带创立华侨社团遍布世界各地,华侨宗亲文化是海沧民间华侨社团工作特色。如 2005 年之前民间出访为探路,互访之后常态化,联谊会及各华侨社团民间对外交流交往工作则走出了新路。即联谊会组团与参与其他侨团共同组团相结合，团体与个人相结合的方式，拓展了民间对外交流交往。

2006年，参加邱氏裕文堂华侨联谊会、文山堂华侨联谊会、诒榖堂华侨理事会组团赴槟城参加龙山堂邱公司重建100年庆典。

2010年，参加谢氏世德堂华侨联谊会组团赴槟城参加谢氏世德堂公司成立200周年庆典等海外宗亲侨团的活动。

2012年，应马来西亚吉兰丹中华总商会的邀请，组团赴吉兰丹参加"纪念郑和下西洋600年文化经贸交流会"活动。

2015年，派副理事长颜笛、理事谢福坤、秘书长张勤强赴槟城参加谢氏公司宗祠修复落成与文化资料交流中心开幕典礼。

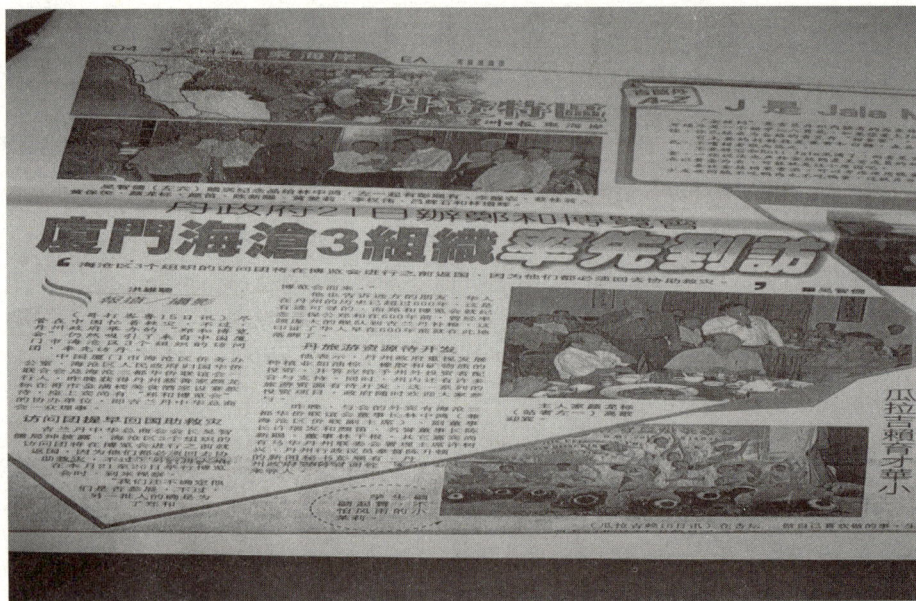

吉兰丹当地媒体报道

与吉兰丹中华总商会联谊　左四：颜龙镖

华侨三都联谊会出访马来西亚吉兰丹（联谊会 提供）

　　2016年，联系槟城三都联络局，邀请厦门大学学者曾玲教授访问马来西亚。曾教授到访槟城时会同海沧鳌冠林氏敦本堂暨勉述堂华侨理事会一行20人，走访槟城林氏九龙堂、敦本堂、勉述堂。

第一排左起林文勇，中间林宝福，右曾玲（林文勇提供）

左起林世忠，林宝福，张先生（公司文书），曾玲，林一婷（林文勇提供）

2016 年曾玲教授和吴冠林氏宗亲一行访问槟城林氏九龙堂、敦本堂暨勉述堂

2017 年，派副理事长颜笛、理事谢福坤代表华侨三都联谊会参加海沧区海外交流团出访菲律宾、泰国。期间颜笛、谢福坤、林国宝和江志民先行到马来西亚看望槟城海沧籍侨团和侨亲，并邀请他们来参加 2018 保生慈济文化节。

区委常委、统战部长廖凡率海沧区海外联谊会出访东南亚(林国宝 摄)

图第一张左起第 7 位为访问团廖凡团长。其他图为民间侨团代表颜笛、谢福坤、林国宝、江志民专访马来西亚槟城的三都联络局、邱公司、杨公司等 10 个海沧籍宗亲侨团

（二）出外寻亲

海沧人下南洋时间早，人数多，后代又迁播很多地方，至今散落世界各地的后裔总人口数远超祖地人口。较准确资料，仅槟城龙山堂邱公司登记会员有7500名（男性），谢氏公司登记会员有609名（男性）。因为时代久远，很多人与祖地失去联络，少数人保存先辈带去的族谱，多数人是祖辈口口相传的祖籍地的一些简单的资料。生活好了，很多人开始漫漫寻根路，联谊会及各侨团在对外联谊活动时，也在寻找旅居世界各地的亲人。

2006年6月，马来西亚槟城谢氏世德堂公司主持召开世界谢氏联谊大会，受联谊会、石塘谢氏世德堂华侨联谊会委派，谢福坤代表特意带去《石塘谢氏闽台迁徙录》等石塘谢氏涉台族谱，赠予与会宗亲，并向台湾宗亲介绍家乡海沧。回国后，联谊会在福建省谢氏宗亲会及有关专家学者的帮助下，对照族谱进行了研究，帮助确认台湾桃园县谢氏与石塘谢氏宗亲血缘关系。该宗亲会于2009年4月应邀组团前来海沧，参加海峡两岸保生慈济文化节，并第一次到石塘谢氏宗祠祭祖。同年

区、镇（街）侨联、民间侨团组团入岛寻亲（康志琛提供）

底，联谊会及各宗亲侨团协助区侨联组团，入岛探访在台海沧籍宗亲

会组织,开启了两岸宗亲交流序幕。

2017 年,联谊会组团理事长许瑞发率海沧越南归侨侨眷 18 人,前往越南寻亲。

出访越南寻亲团成员合影留念

(陈景峰 提供)

访问团参观胡志明广场。林中鸿,越南归侨

越南是海沧人早期出洋主要居住地之一，多有成就者，如陈炳煌、张允贡、张夜合等经商成功，回乡做公益及建房屋，留下莲塘别墅等，彰显闽南特色的古民居建筑，凝固华侨史。

根据碑记所载，光绪拾陆年《柯井张氏家庙重修诒德堂捐题条约碑记》记录有："裔孙张允贡自安南回愿……银肆百捌拾元。"

邱氏诒榖堂也组团到缅甸，参加缅甸诒榖堂100周年庆典，受到缅甸侨亲的热烈欢迎，海沧、缅甸两地的邱氏宗亲接上联系。

张允贡旧居（黄昱臻 提供）

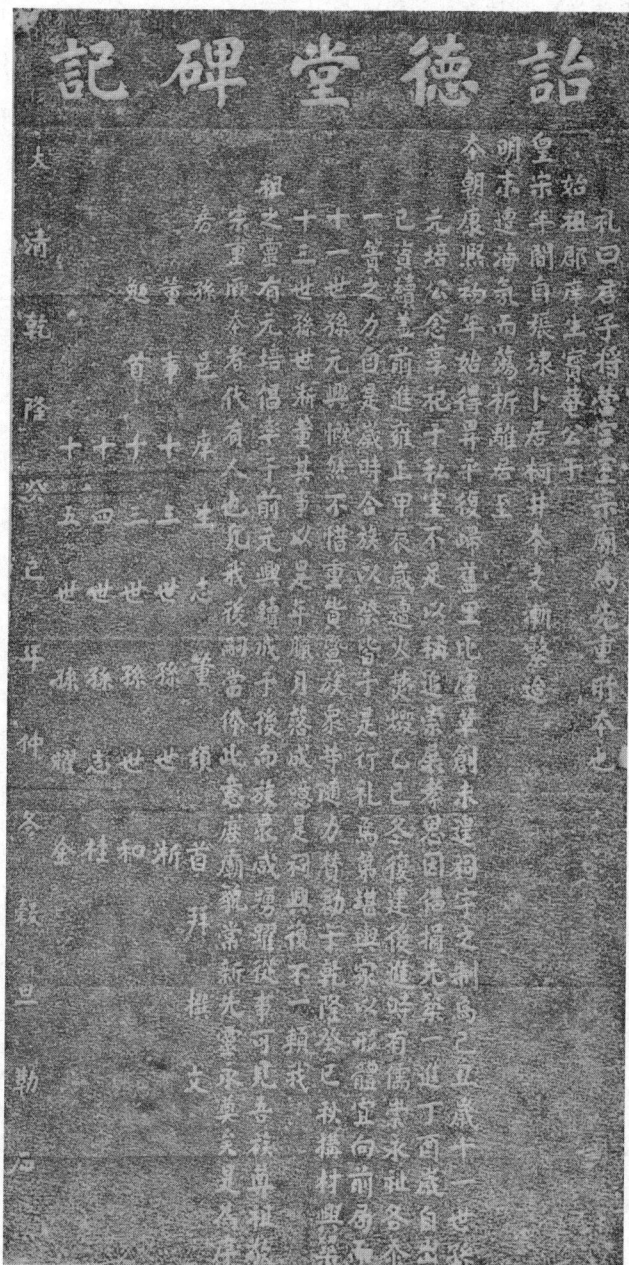

诒德堂碑记（展览拓片）

槟城三都联络局及各宗亲侨团与联谊会等经常互访,在此不一一列举。每次接待及出访,侨团都能主动联系并争取当地政府和侨务部门的支持,并以此为契机,介绍海沧发展新愿景,动员海外侨胞一如既往积极参与祖地家乡的建设,发挥东南亚国家华侨人文优势,做好"一带一路"沿线国家人民的经贸文化交流,为海沧建设国际一流海湾城区而共同努力。

(三)服务好侨胞、台胞

首先,接待好回乡侨胞。寻根谒祖,是旅外乡亲的心灵寄托。不论走多远,走多久,亲情永远。尽管很多人已找不到直系亲属,但宗亲就是他们的亲人,祖屋就是他们的家。

联谊会和各民间华侨社团用心、真情做好来寻根谒祖的海外侨团的接待工作,迎来一批又一批海外侨亲踏上回乡路。

2004年,槟城植德堂杨公司林清水主席率宗亲代表团首次回霞阳祭祖,这是杨氏宗亲间隔60年后第一次组团回乡。

同年,槟城谢氏世德堂公司拿督谢仁忠主席一行到石塘谢氏世德堂寻根拜祖,将祖传清代祭祝器皿全套送回国,赠予华侨博物馆珍藏。

2006年,槟城九龙堂、勉述堂拿督林荣顺主席第一次组织槟城林氏宗亲访问海沧。

2009年,槟城谢氏世德堂公司许瑞发主席率宗亲代表团冬至回祖地石塘祭祖。

2013年,香港闽弘农杨氏宗亲联谊会、杨氏宗亲会杨衢云纪念协会到霞阳杨氏宗祠祭祖。

2014年,槟城邱公司主席邱吉寿一行回新垵祭祖。每一次侨胞回来,都受到联谊会和各华侨社团的盛情款待。

　　每逢中国传统重大节日,如清明、冬至慎终追远祭祀祖先,各宗亲侨团对应邀请世界各地的乡亲回乡一同缅怀先人,看看祖先生活过的地方,对比过去、现在和未来发展,了解祖地文化,增加认同感、归属感。每次活动,联谊会均以总会的名义主动参与。

槟城杨氏植德堂主席杨清水在霞阳应元宫上香

槟城林氏敦本堂林荣顺主席率团海沧寻根

槟城谢氏世德堂谢仁忠主席率团回乡祭祖并参观育才学校

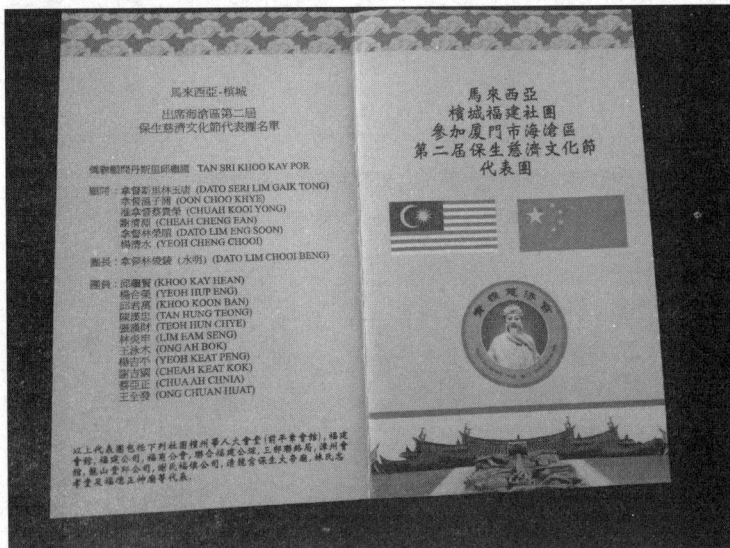

槟城三都联络局代表团参加保生慈济文化节名单

海外嘉宾参加保生慈济文化节盛会

前排左起:魏宁当 林国宝 林伟盟 温佩玓

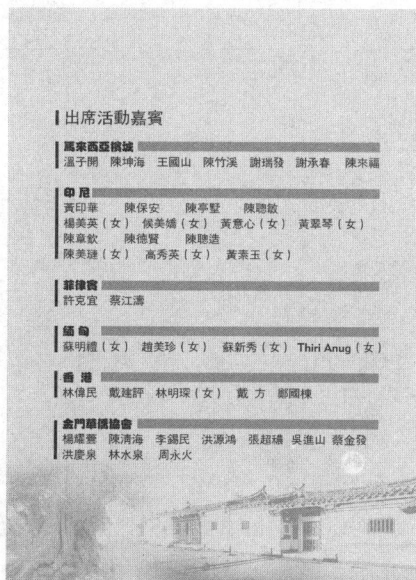

出席活动的境外嘉宾名录

"同心同根，乡情乡约"活动主会场

区领导接待海外嘉宾　左起：陈坤海　陈宝安　黄印华　王雪敏　叶莎丽　温子开

石塘谢氏世德堂华侨联谊会分会场（正面中间：谢福坤理事长）

出席保生慈济文化节的嘉宾参加"同心同根，乡情乡约"系列活动

其次，配合上级侨联工作，做好请进来和对口接待。请进来活动主要以本地区举办的经贸交流、民俗文化交流等重要活动时机，对应邀请海外、台湾的宗亲来参加。

2007 年、2008 年、2009 年、2012 年，配合区侨联承担"厦门海沧（海峡两岸）保生慈济文化旅游节"大会筹备会分配给侨联 50 位东南亚侨领和宫庙代表的邀请和接待任务。其中东南亚侨领主要邀请海沧籍侨团，由联谊会和各民间宗亲侨团负责邀请和参与接待。通过参与重要活动，接待了马来西亚槟州华人大会堂拿督斯里陈坤海，槟城福建会馆主席骆南辉，福商公会主席拿督林俊棱，三都联络局、漳州会馆主席拿督温子开、陈来福；印度尼西亚棉兰华裔总会主席黄印华、陈宝安，菲律宾菲华总商会常务理事陈天才，美国新侨林伟盟，香港、澳门闽籍侨团，台湾金门华侨协会等侨、港、澳、台知名人士和社团，广交新朋友，深交老朋友。

　　海内外嘉宾参加主活动后，各侨团主持各自对应的宗亲交流活动，作为区侨联"同心同根，乡情乡约"系列活动之一。

　　2014年，区海外联谊会届满换届，聘请马来西亚三都联络局侨亲拿督温子开为名誉会长，邱财宝、温佩玓为海外理事。他们应邀与参加保生文化节活动代表团一行出席相关活动。

　　2016年、2017年，主动邀请和对接马来西亚三都联络局等侨亲回乡参加民俗文化交流等联谊活动。

第一排左起：温子开（名誉会长）、柯木林（名誉会长）
第二排左起：邱财宝（海外理事）、温佩玓（海外理事）

（邱财宝　提供）

左起：颜正茂、颜进明、颜咏和、邱财宝（邱财宝 提供）

华侨三都联谊会代表与槟城侨亲欢聚一堂。右一：陈耀威 （邱财宝 提供）

马来西亚槟城三都联络局贵宾拜访区侨联

左起：蔡贵荣　温子开　陈来福　杨建良　魏宁当

出席海外联谊会会议、保生慈济文化节活动剪影

2017 年，协助侨办联系祖籍海沧的吉兰丹 21 位华裔青少年参加马来西亚华裔青少年"中国寻根之旅"冬令营活动。

2017 年，联谊会与厦门市姓氏源流研究会、莲花洲宗亲理事会联合举办海峡两岸书法笔会（展）暨"莲塘大厝保护与旅游开发论坛"活动，邀请两岸书法家、文史专家、台湾宗亲 300 多人参加，研讨如何提升社会、民众、业主对文物保护和开发利用，有利促进侨房古民居的保护和开发。

华侨三都联谊会工作记录

夏令营活动照片（张勤强　提供）

联谊会协助邀请并接待吉兰丹海沧籍华裔参加"中国寻根之旅"

活动现场照片

联谊会参与主办"莲塘大厝保护与旅游开发论坛"活动（张勤强 提供）

再次，帮助侨胞、台胞寻根。旅外乡亲在居住地落地生根，但传统落叶归根思想，在老一代人心里根深蒂固。所以，回祖地寻根的人络绎不绝，但因种种原因，如找不到族谱，很多人仅凭先人依稀记忆，甚至为了圆梦而来，缺少基本信息，寻根其实是很难的。但再难，也要尽力帮助他们，联谊会和各侨团不遗余力，写下了很多感人的故事，寻根路上脚印一串串，洒满游子故乡情。

20世纪70年代，农村中一些有威望的老者，开始收集整理族谱，维修祖庙、祖墓，续编族谱，为回乡寻根的海内外族人提供凭证。旅居新加坡的著名历史学者柯木林先生就是凭族长柯于恭珍藏的族谱找到祖地，旅居雅加达的谢建本也是凭谢氏族谱圆了多年寻根的梦……三都侨界谢打锡、邱仙助、邱伟民、杨允领、谢福坤、林中鸿、陈新赐、张勤强、林国宝等很多亲身经历华侨寻根的故事。

谢福坤常说，不论从哪里回来认祖，都是亲人，是一家人。凡来寻根认祖的人，他们都会按传统习俗，敬香祭拜，赠送红包，彼此拥抱，餐会话别。

杨允领说过,20世纪80年代,台湾乡亲第一次回来寻根,那情景终生难忘。说台湾乡亲每次来祭祖要回去的时候,他们带走三样东西,一包土、一根树根、一瓶水,意思是要记住祖先生活过的这片土地,根在这里,要饮水思源。

1993年台南番仔僚村宗亲回霞阳村祭祖

20世纪90年代,族人杨炳坤等热心人,联络香港杨衢云的后人,整理了民主革命先驱杨衢云的事迹,并成立基金会,募款捐建杨衢云的铜像立于村口,让后人缅怀。

新埕华侨诒穀堂,前几年,投大量资金和人力,整理了族谱,接待了世界各地来认祖的宗亲。他们中有不同肤色的,讲不同语言的,如有来自德国的爷孙俩,红头发、白皮肤,不会讲中国话。因为曾祖是德国人娶了槟城邱家女,老人遗愿,要后代回祖地寻根祭祖,所以他们费了很大周折来到新埕。家乡人特请了翻译,族人陪同祭祀先祖,圆了他们的心愿。

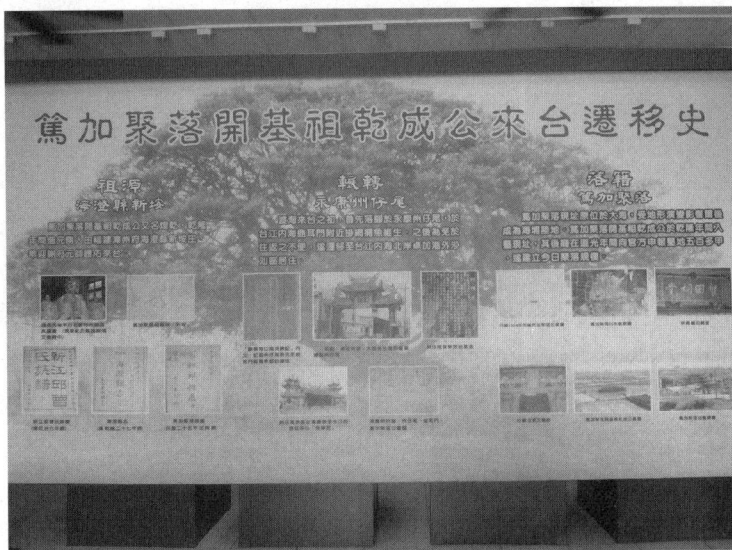

台湾笃加邱纪念馆展示

在台湾台南七股乡笃加村邱姓，为新垵邱氏后裔。据《笃加邱志》介绍：笃加邱氏先人为两兄弟，康熙年间出生，雍正年间"先祖奉请谢府元帅金尊来台"①，已经 260 多年，子孙繁衍至今第十二三代，3000多人。曾有人回来祖地联系，后来断了联络。先辈口传他们祖先在海澄的新垵，因为没有族谱，他们多次回来寻找依据，得到宗亲的热情接待，并了解到马来西亚槟城邱公司也是他们同宗，珍藏一本《新江曾邱氏族谱》。2014 年，应邀来参加厦门海沧侨台宗亲文化展，特别撰写了大陆、台湾、槟城三地邱氏同宗同源，民俗文化发展及演变，从民俗、信仰等方面作比较，特此摘录部分内容：

信仰：新垵正顺庙，主祀晋代丞相谢安（当地人尊称谢安王）与其侄谢玄（当地人尊称谢府元帅、大使爷），谢安之弟谢石（当地人尊称二

---

① 厦门海沧侨台宗亲文化展，台湾邱氏参展资料。

使爷),两旁陪祀谢安之子谢琰(当地人尊称太保哥),谢安之妹(当地人尊称娘仔妈)。谢安王金身做丞相打扮,谢府元帅大使爷金身雕刻成头戴元帅帽,二使爷金身雕刻成头上梳包头。大使爷与二使爷之金身雕刻特点与我们的谢府元帅正、副身如出一辙。正顺庙曾历经三次重修重建,于嘉庆年间重修碑上记载,当年马来西亚龙山堂邱公司出资一百二十大银,亦记载先祖煌乾公个人出资三大银。正顺庙于"文革"时期被破坏,只存残破遗迹,于1995年由马来西亚龙山堂邱公司,感念祖源之庇佑,集资回乡重建。

马来西亚槟城龙山堂邱公司亦建有正顺庙,主祀谢府元帅(大使爷),陪祀二使爷。大使爷金身是龙山堂邱公司先祖自新埠奉请过去,根据新埠及马来西亚耆老的口述流传,因当年晋代淝水之战,谢玄(谢府元帅)以二万之军大胜敌人十万大军,实乃最厉害的前锋元帅,所以当年出外奋斗的族人皆奉请谢府元帅金身护佑。此说法又与当年先祖乾成公兄弟二人渡海来台奋斗,为何奉请谢府元帅金身护佑不谋而合。根据新埠、马来西亚龙山堂历史记载及口述流传,当年龙山堂邱公司先祖刚到槟城时,屡与当地番民争地冲突,为求建立基业,特回新埠故乡召集族人及奉请谢府元帅前往马来西亚与当地番民争地。在谢府元帅护佑下,终得成功打下现在龙山堂邱公司之基业,所以在新埠及马来西亚流传着,族人出外打拼,奉请谢府元帅出去"拼埔头"一定赢。

祭祀:新埠以诒榖堂为邱氏家庙,做为总祠堂,再下分为十三个房头,其中丕振堂即为我干成公所属田房之祠堂。每年分为春秋二祭,春祭以新埠开基祖迁荣公之忌日为春祭之日,冬祭于冬至为祭日。祭典由总祠堂——诒榖堂主办,祭典结束举办"吃祖酒"邀各房头族人一起聚会用餐,所有资费由公司支出。此祭祀习俗又是与我们笃加一致。马来西亚槟城宗亲号以龙山堂为总祠堂，再下分为各房头祠堂，皆与我们笃加以"龙田祠堂"为主，再下分五房头祖，其宗族运作相同。几次前去新埠与宗亲交流，其祭祀习俗方式皆与我们相同，唯有一项活动是我们所没有，却感十分有意义，也在此与宗亲分享。新埠宗亲在祭祀之日都会在祠堂边准备彩灯，当族人祭拜完祖先都会去钻灯下。据新埠族人解释，此乃自古流传的习俗"钻灯脚，保庇子孙添丁大发财"，或许这是我们先祖因时代久远而遗落的一项活动习俗。又一桩与新埠宗亲闲谈无意间得到的信息与大家分享。在一次闲谈间，提到笃加乾成公之墓地没墓碑，只做成一个土堆状，新埠宗亲的耆老一听，便随即脱口而出，那是"草墓"，我跟胜源、嘉莹皆很疑惑"草墓"一词何解？经宗亲解释，在新埠地区以前有一个很出名的风水师曾做过"草墓"的风水。所谓"草墓"就是祖先为要使子孙发财大发展，牺牲自己往生后的门面，只用土堆成一个墓状，不用任何石材，任草在墓堆上生长。根据当年风水师的说法，土代表财、发草代表"发"，此种风水就是要让子孙大发财。因没墓碑，所以依山势而拜，而土地公（福德正神）要在虎边拜。当年那个风水师有交待"逼虎才会发"，所以土地公要在虎边拜，用神去逼虎。听完宗亲的解释，心有所感，若乾成公当年是依新埠风水师所教，而于往生之后，选择牺牲自己，做此"草墓"以庇佑后代子孙，我等子孙更该珍惜感恩，在先祖的庇佑下，笃加确实能人倍出。

宗族结构、风俗、语言：新埠宗亲以诒穀堂为中心，管理整个宗族的土地、收入，再由收入去支出正顺宫及各祠堂的开支。举凡庙会活动、祭祀活动，皆由所谓的"公司钱"去支出。目前新埠宗亲正在计划于正顺宫前的"公司地"盖两栋大楼，一栋作为办公大楼出租，一栋作为饭店，这样"公司"的收入就不愁没来源。而马来西亚槟城龙山堂先祖们亦把当年新坡的组织结构带到马来西亚,宗亲当年去到马来西亚槟城,亦成立"龙山堂邱公司",管理整个邱氏宗族的产业。在宗亲的奋斗下,开始置产,办理学校,到今日龙山堂邱公司已是发展成一个当地知名的观光景点。此新坡与槟城龙山堂邱公司的宗族结构、生活习惯、语言,都与我们相同。

我们笃加在台湾算是一个特殊聚落,很多学者皆喜欢研究,但在一些错误的信息下,误导了某些学者的结论。作为乾成公子孙的我们,当有义务及责任去维护先祖的正统,我与胜源、嘉莹翻遍所有"新江曾邱氏族谱"内容,很遗憾并没直接找到先祖乾成公的名字,但依当时年代的一些主客观条件,先祖来台时生活十分艰辛,生下五代祖后,那个年代亦无从读书识字,所以很多事情皆口述流传,无文书记载,很可能因此失传,后来更因时代的动乱,断了回乡的通道,所以可能错失了族谱重修的时间点。但我们从信仰、宗族结构、祭祀风俗、生活习惯去分析比对,无疑的,我们与槟城龙山堂邱公司,皆同出新坡邱氏宗族,诚如某位学者所言,身份可以用钱去买,但生活习惯、风俗、信仰是金钱所不能买到的。[①]

我们很幸运,一直生活在家乡,但对那些旅居他乡的游子,寻找故乡是祖辈的愿望,更是梦想,也是家中亲人的牵挂。侨团的同志理解并把寻亲、服务乡亲作为责任来担当。

---

① 乾成公第七代裔孙邱毅丰记述。

三、桑梓深情　家国情怀

（一）社会建设

　　华侨最早参与海沧建设的是始于 1908 年动工，1913 年竣工的漳厦铁路。查阅成立于光绪三十一年（1905 年）的"商办福建全省铁路有限公司"资料：光绪三十二年（1906 年）公司发行股票募集资金 1700 万银元。部分向南洋华侨募股，林文庆等所筹华侨资金占投资总额的三分之二。

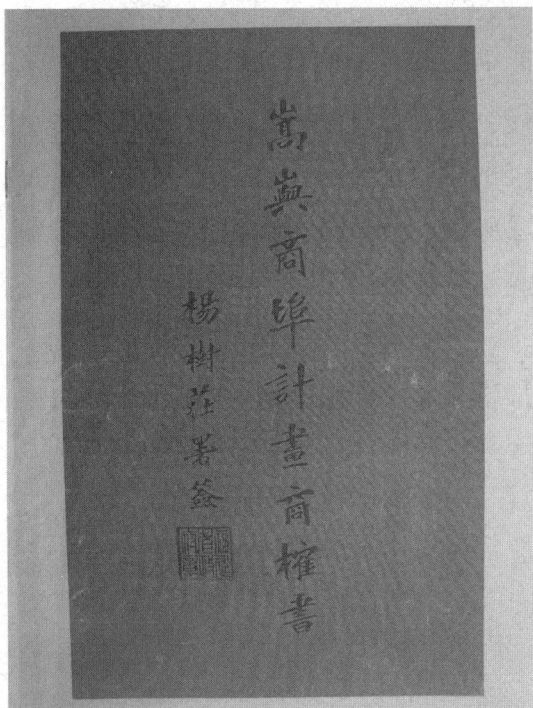

《建国方略》之计划书（黄昱臻　提供）

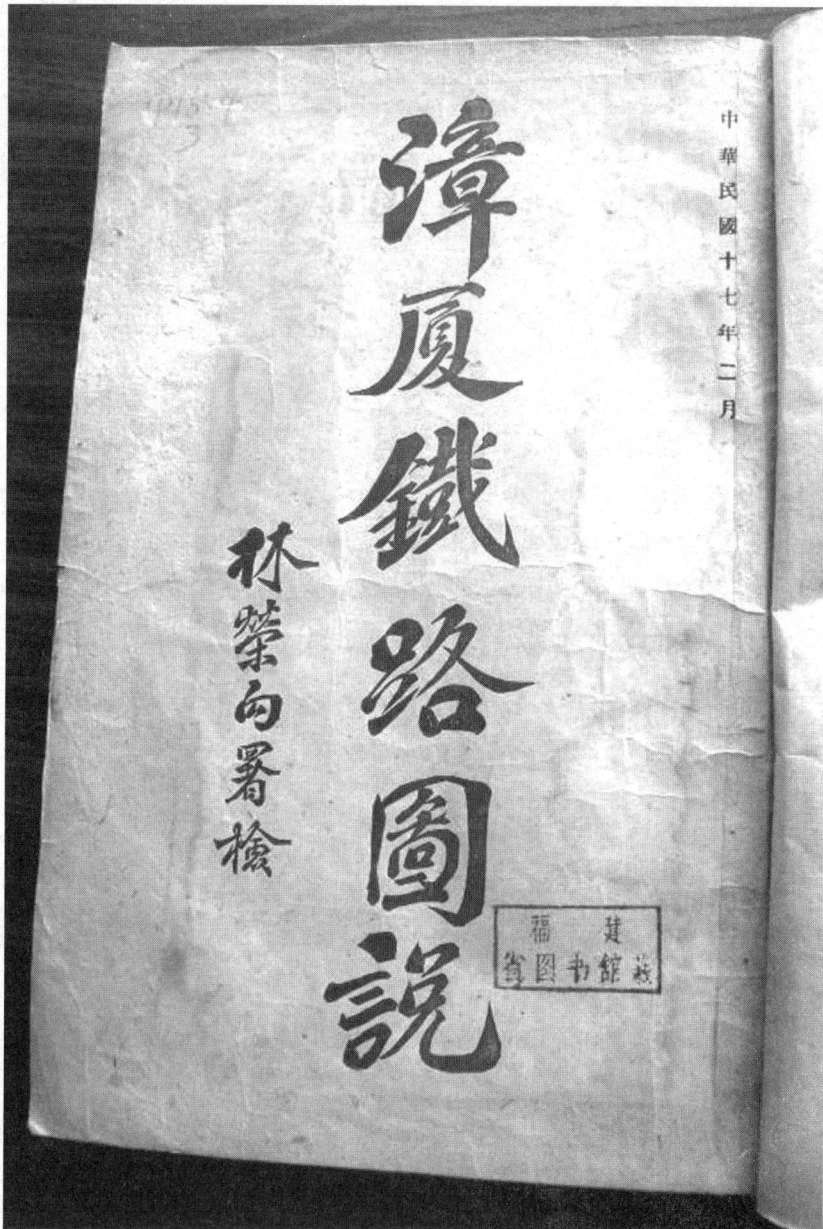

《漳厦铁路图说》

1913 年建成的漳厦铁路车站（黄昱臻 提供）

　　在负责这次南洋募股的海外人员中，马来西亚三都联络局创办人及募捐者十多人。福建铁路有限公司登载广告中邱有用、林花鐕、温文旦、谢月友、杨允炳等为"槟城三都联络分局"创办人，邱金经、林克全、林文辉、杨允雨、谢五湖、谢福坤、蔡水义等为三都联络分局创办捐款者。

　　20 世纪 30 年代，实践孙中山先生《建国方略》——嵩屿开埠。

　　1931 年 3 月 1 日下午 2 时，嵩屿商埠促成会成立大会召开。参加会议的有地方军政要员、商绅和各埠华侨代表，共计 216 人。选出委员 27 人，分别为张贞、黄奕住、林文庆、李岳、庄银安、秦望山、雷文铨、詹调元、林黄卷、黄廷元、陈允洛、黄澄渊、黄奕守、林荣森、叶谷虚、郭其详、陈荣芳、陈清机、康子常、丘墀兢、林刚义、陈祖康、张瀚、王弼卿、杨纯美、黄恩培、林绍裘。

福建铁路有限公司广告（温志攀提供）

　　驻新加坡代表 8 人，驻马尼拉代表 14 人，驻神户代表 9 人，驻宿务代表 6 人，驻仰光、巴城、泗水代表各 5 人，驻槟榔屿、吉隆坡、日理、安南代表各 4 人，驻马六甲、怡保、吉礁、三宝垄代表各 3 人，驻望加锡、麻坡、峇株巴辖、芙蓉、太平、巴双代表各 2 人，驻井里汶、梭罗、坤甸、星罗、宝吊远、实武牙代表各 1 人。

　　嵩屿商埠促成会选出的委员及各埠代表，官绅、侨首云集，阵容强大，可谓精英大聚集。在整个筹备过程中，旅居世界各地的三都华侨林文庆、庄银安、邱菎嬺等参加了该筹建工作。

　　归侨侨眷、华侨组织发动海外侨胞积极参与家乡建设，投资兴业、兴办公益事业。民国八年（1919 年），林玉奕捐资兴办锦里小学。1953年，林启文捐款扩建锦里小学。1955 年，捐款重修海沧中心小学八卦楼和三间教室，捐资建厦门华侨博物馆、陈嘉庚纪念馆、厦门华侨大厦等。温中庸(温厝人,侨胞)投资家乡建电影院、龙山堂邱公司(新垵村)捐建正顺宫及侨团办公楼,谢氏世德堂谢公司(石塘村)捐建大楼等。

现海沧中心小学八卦楼

民国六年（公元1917），经前清举人候堂村陈炳煌和新增村邱春江两人倡议和集资，将沧江书院改办为新型的学校——沧江小学。

沧江小学在创办初期，得到海外爱国华侨大力资助，成为公办侨助学校之一，在闽南颇负盛名。海外华侨以新坡邱氏宗亲诒谷堂、霞阳杨氏宗亲植德堂、石塘谢氏宗亲世德堂为主，团结居住地热心公益事业的乡亲，在马来西亚槟榔屿组织《三都联络局》。继而在海沧邀集当地各大姓较有威望的乡绅，成立《三都联络分局》，与总局沟通信息，作为承办和资助家乡公益事业的机构。三都联络局以沧江小学为重点资助单位，添置了大批课桌椅和教具。免费供给全校200多名童子军（高、中年级学生）的制服和训练用具；并以高薪聘请一批具有真才实学的优秀教师来校任教，保证教学质量。

1953年，由海沧乡、工联会协助学校发动群众义务建校，在原校址建教室和办公厅（共9间）。1954年，学校返回原校址上课。1955年，华侨林启文先生曾捐助巨款修建魁星楼和3间教室。

1987年至1992年间，政府（区、镇、村）拨款、厦门钨品厂资助，华侨温宗墉、颜秀琴夫妇、张永顺、林振森、温宗英、周玉才、陈锡璘先生，和归侨遗孀廖淑女女士等纷纷解囊资助修建礼堂和教学楼，为发展学校做了有益的贡献。

原中共中央政治局委员、中央书记处书记、全国人大常委会副委员长彭冲老师，于1994年2月20日莅临本校视察时，对海沧教育事业的现状和有关问题进行调查了解以后，挥毫写下了《尊师重教》的赠言和《海沧中心小学》校名，鼓励我们继续努力，办好基础教育事业。

1994年，为支持母校办好教育事业，旅台校友谢宝寿先生提出，争取与关注家乡教育事业的各界人士，联合筹设"沧江教育基金会"，作为常年的奖教奖学

八卦楼内的碑记

(二)社会公益

海沧三都人历来有捐资助学、乐善好施、扶贫济困的传统。在乾隆《海澄县志·艺文志》中就有一篇《三都建义仓奏记》。明清时期，三都境内有海沧、沧江书院，还有海沧安边馆社学等，共计96所社学，重视民风教化。在海外，华侨和三都联络局是当地华文教育公益事业的主要捐助者；在国内，华侨三都联谊会早期的扶贫济困、兴办教育等公益事业在各个时期发展过程中已做了介绍，这里补充一统计资料。

表3-2 区侨务部门统计华侨捐赠公益项目和资金情况

杨元能	1991年	45万	霞阳小学
温中埔	1993年	32万	温厝小学
龙山堂	1996年	680万	正顺宫
张承顺	1998年	31万	海沧基督教堂

现在联谊会，邱、谢、杨等华侨社团经费大部分源自于侨，用之于侨，都将尊老爱幼、奖学，帮助困难学子上学作为实事工作，列入日常事务。这里记述的是近十多年来的汇总情况，不一一详述。

每年的"六一"节，在辖区内多所学校开展慰问，海沧新江小学、育才学校、霞阳小学、海沧中心小学、鳌冠小学、钟山小学、困瑶小学等七所，每校金额1200～2000元不等，共计人民币约8000元。

每年中秋节、重阳节、春节，各联谊会都会安排资金走访看望归侨、老侨务工作者。

2005年，联谊会牵头各民间侨团，携手区妇联开展"春雷行动"，帮扶贫困女童结对子活动，五个侨团分别与辖区20位优秀贫困女童结队子帮扶。

2013年,海沧区区委、区政府开展扶贫"朝阳行动",侨联负责8户低保户脱贫工作。经侨联牵头,五个民间侨团和马来西亚吉兰丹侨胞颜龙镖先生提供约5万元资金,每月按国家发放的低保金数额等额资助8户低保户,并承诺和兑现对三位正在读大中专的孩子交学费直至他们完成学业,由侨联负责帮扶的低保户当年脱贫。另颜龙镖先生独自帮扶5位贫困孩子上大学,至今该项活动还在进行。

此外,积极参与侨联等单位开展的各种公益活动,如敬老、汶川地震救灾、慈济东宫"中国华侨文化基地"揭牌捐赠等活动。

据侨团换届工作报告总结统计,2000—2010年,累计各种捐赠20多万元。2010—2014年,累计捐资助学10多万元。

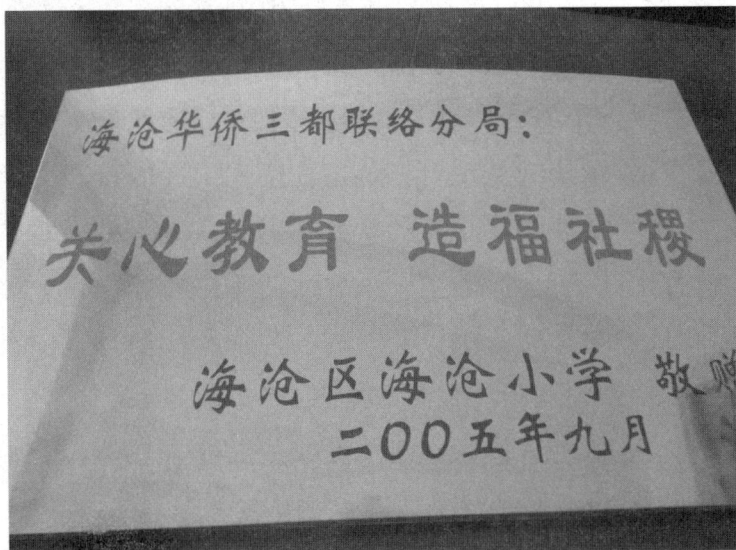

受捐助学校送牌匾

(三)维护侨益

作为民间华侨社团，经费取之于侨，用之于侨，因此维护侨益重在保护好侨产，确保侨团资产的安全和增值。三都联络局在成立之初，华侨募捐款项一部分用于救济，余款在厦门岛、海沧旧街购置房屋出租，租金用于帮助乡民和社会公益。这些侨房无异于槟城三都联络局在祖地的家，饱含海外侨胞对故乡的深厚情意。20世纪80年代落实华侨政策返还侨房，但只是房屋所有权，原先房管局出租给困难户，租金很少，约定不能增加，新客户才能按市场价调整。2016年，基本收回，并部分整修。2017年，侨房委托管理，增加租金收入，估计年收入近十万元。

位于厦门市镇邦路的三栋房子

钉在二楼窗台上方的石镌:"海沧三都联络局公业,不得私相授受"

155

海沧街道海沧旧街街景（黄昱臻 提供）

　　位于海沧旧街的联谊会会所是 1992 年改扩建的，简易装修，但时间长，房屋老化，设备简陋。

　　区、街道主管侨务工作领导，多次亲临视察指导，对联谊会工作给予充分肯定，并对做好民间侨团工作提出指导意见。2016 年，海沧街道拨给 15 万元人民币，作为添置办公设备。2017 年，街道又结合城建改造，帮助重新装修。

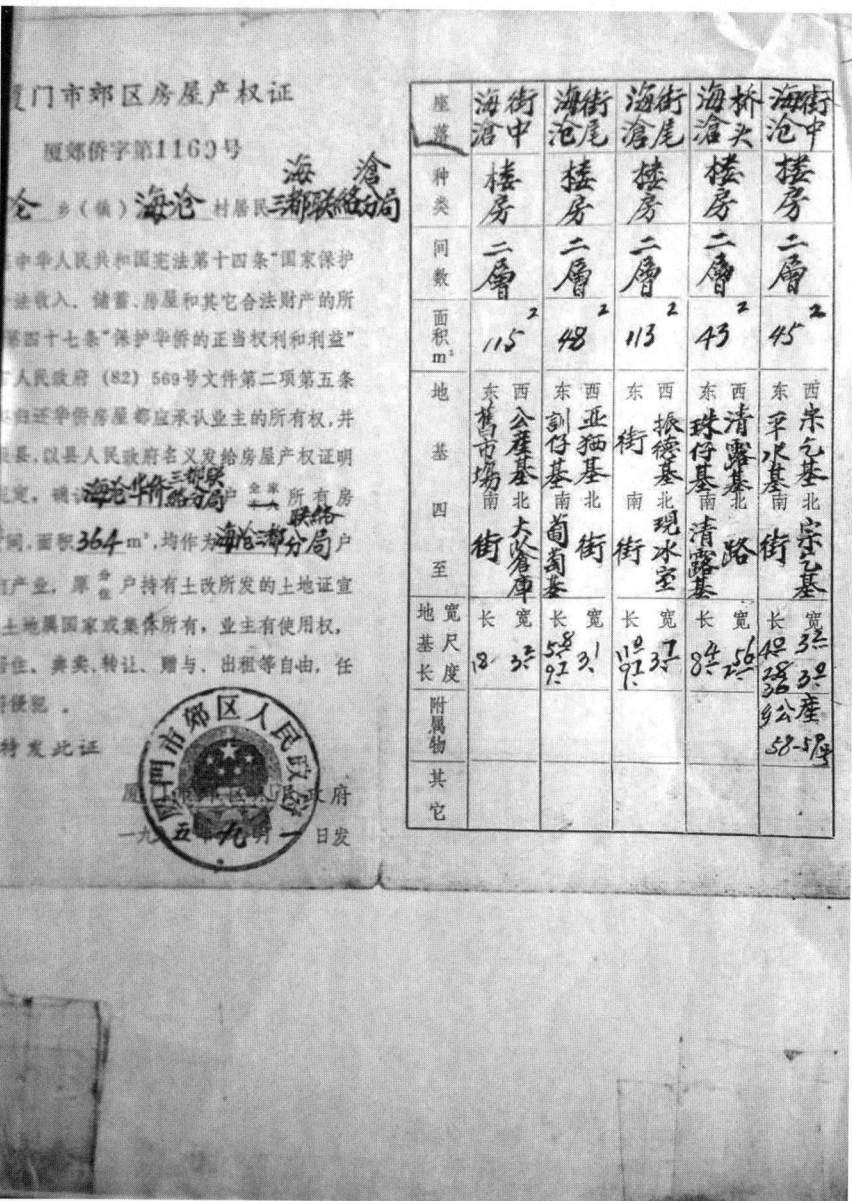

厦门市郊区房屋产权证

厦郊侨字第1169号

海沧 乡(镇) 海沧 村居民 三都联络分局

中华人民共和国宪法第十四条"国家保护
......法收入、储蓄、房屋和其它合法财产的所......
......第四十七条"保护华侨的正当权利和利益"
......人民政府 (82) 569号文件第二项第五条
......相退还华侨房屋都应承认业主的所有权,并
......县,以县人民政府名义发给房屋产权证明

......规定,将 海沧华侨三都联络分局 户 所有房
......间,面积 364 m²,均作为 海沧三都分局 户
......产业。房户户持有土改所发的土地证宣......
土地属国家或集体所有,业主有使用权,
......住、典卖、转让、赠与、出租等自由,任
......侵犯。

......特发此证

厦门市郊区人民政府

一九五九年月日发

座落	海沧街中	海街沧尾	海街沧尾	桥海头沧街	海街沧中
种类	楼房	楼房	楼房	楼房	楼房
间数	二层	二层	二层	二层	二层
面积 m²	115²	48²	113²	43²	45²
地基四至	东公厕基南 西旧古场 北大义仓库 街	东割仔基南 西亚猫基北 葡萄基 街	东振德基南 西珠仔基北 现冰室 清露基 街	东清露基南 西现冰室 北 路	东宋元基南 西平民基北 宗元基 街
地基长度	长18 宽3尺	长58尺9寸 宽31	长11尺9寸 宽3尺	长8尺5寸 宽56寸	长42尺28尺9公厘 58-5厘 宽3尺
附属物					
其它					

联谊会位于海沧旧街房屋房产证

157

1992 年建联谊会办公楼碑记

1992 年将位于海沧旧街街头的一栋房屋改建为现在办公会所

区委曹放副书记到联谊会视察指导工作

（张勤强 提供）

第四章

建功新时代

中华文化源远流长，灿烂辉煌。在5000多年文明发展中孕育的中华优秀传统文化，积淀着中华民族最深沉的精神追求，代表着中华民族独特的精神标识，是中华民族生生不息、发展壮大的丰厚滋养，是中国特色社会主义植根的文化沃土，是当代中国发展的突出优势，对延续和发展中华文明，促进人类文明进步，发挥着重要作用。

——摘自《关于实施中华优秀传统文化传承发展工程的意见》

华侨三都联谊会自1984年恢复活动，重建机构、会所，整合资产，重建海内外三都联络局组织的联络关系，发扬华侨爱国爱乡精神，助力家乡社会经济文化、公益事业建设。

在新的历史时期，坚定中国共产党的领导，用习近平新时代中国特色社会主义思想引领侨团，保证正确方向。联谊会及各民间华侨社团，围绕区委、区政府的工作中心，紧跟时代发展，加强自身建设，侨团成功转型。以文化联结为纽带，弘扬中华优秀传统文化为己任，发挥华侨社团独特地缘、血缘、亲情乡情的优势，同心同根，乡情乡约，构建最大同心圆。凝聚海内外中华儿女的力量，同心共圆中国梦。

一、时代转型

不同时期、不同年代的人，有不同的际遇和机缘，挑战和担当。新时代，国家建设、民族振兴、一带一路、祖国统一大业，国际、国内形势变化，联谊会因应时代发展需要，紧跟时代变化，不断发展、加强文化建设，以中华优秀传统文化为纽带，提升侨团文化素养和作为。

（一）以民间侨团为载体，挖掘华侨文化资源

华侨三都联谊会是地域性民间华侨组织，其组成的邱、谢、杨、林四姓则是民间华侨宗亲组织，具有特殊地缘、血缘优势。借助区侨联"同心同根，乡情乡约"人文交流平台，以民间侨团为载体，推动"华侨宗亲文化"建设，传承中华文脉，传播华侨爱国爱乡精神，用亲情乡谊凝心聚力，创建和谐侨社，促进当代海沧社会经济文化发展与强化两岸四地的亲情血脉关系，助力增强侨界群众的文化自觉和文化自信，在新时代有为、有担当。

2013年，海沧侨联与厦门市侨联、华侨大学华侨华人研究院合作，在海沧开展"海沧侨乡社会历史文化调研"，各民间侨团利用难得的学习机会，主动融入，全程参与。通过参与全程调研，系统接受侨乡华侨文化熏陶，继承和弘扬中国优秀传统文化，用"乡愁"连接海内外游子的故乡情。

（二）打造华侨特色文化基地

2014年4月18日至21日，区侨联承办《同心同根，乡情乡约：厦门海沧侨台宗亲文化展》。联谊会及各华侨社团，从2013年下半年开始，参与办展，帮助联系马来西亚、新加坡、台湾和香港对应的侨团（宗

左起：许金顶、王德贤、魏宁当、连璜（归侨）

厦门市侨联领导到海沧实地调研

亲会）组织参展，并做好各自邀请团体的接待工作。首创有侨、港澳、台胞参加的地方侨联举办的专题"华侨宗亲文化展"、"侨文化沙龙"等系列活动，具有实物、图片、多媒体、翔实展览介绍等丰富多彩的展览活动，吸引来厦中外嘉宾、媒体记者争相参观和报道。

2015年、2016年，由海沧侨联主持，厦门大学人文学院历史系与台师大东亚学系师生共同参与的暑假为期七天的"同心同根，乡情乡约——两岸侨乡历史文化田野调查夏令营"在海沧侨乡成功举行。在该项活动中，辖区民间华侨社团是夏令营主要研习地，联谊会及邱、谢、杨、林四姓华侨社团积极参与该项工作，主动承担接待、介绍侨团的历史，讲好家族故事，传承好家训、家风、孝悌、爱国爱乡等人文精神，促进社会对传统文化、传统思想价值体系的认同与尊崇。同时也通过与专家、学者现场教学、研讨，挖掘历史文化资源，促进侨团自身文化建设,打造华侨文化基地。

左起:陈尊荣 钟鑫华 蔡正根 魏宁当 许金顶 张绍华 陈景峰 汪甜甜

承办侨台宗亲文化展主办单位区侨联、华侨大学主要人员在展厅合影纪念

厦门海沧侨台宗亲文化展纸质展本

左第一位江柏炜,后排右第一位邱伟民,第二位曾玲（邱伟民提供）

2015 年夏令营全体师生到邱氏诒穀堂侨乡文化调研

2016 年夏令营举行开营仪式后合影

台湾师范大学江柏炜教授在海沧讲授"近代闽南侨社与空间"

二、传承与发展

作为中华文化重要组成部分的宗亲文化,承载了中华民族的家族与国家认同,承载东南亚华人与祖籍地共同的血脉、文化与历史记忆。以宗亲文化为纽带,有助于强化海沧侨乡与海外乡亲的经贸文化联系,并以此为桥梁,促进中国与海外华人华侨所在国的友好往来;有助于强化两岸之间对中华文明、中华民族与中华血脉的认同。因此,联谊会把挖掘和弘扬华侨爱国爱乡精神,把华侨文化建设作为重点,尝试以"宗亲文化"资源,作为维系两岸四地的血脉亲情纽带,加强两岸民间交流交往,促进两岸和谐发展。

(一)挖掘传承中华传统宗亲文化

中国传统社会是以家族为中心,以血缘关系建立起来的大宗族,宗族文化是中国特色的民间崇尚的传统文化。孔子曰:"殷因于夏礼,所损益,可知也;周因于殷礼,所损益,可知也。其或继周者,虽百世可知也。"中华民族文化五千年,源远流长,重在传承。

宗族作为一种自成体系的具有完整文化内核的社会现象,历经数千年的风风雨雨,尤其是 20 世纪以来屡遭冲击和破坏,仍然展现出顽强的生命力,以修谱、建祠、联宗为主要形式的家族文化蓬勃复兴。宗亲文化承载儒家传统的社会道德,具有凝聚人群、促进社会和谐的重要功能,因而提倡宗亲文化建设,有助于在当代海沧侨乡营造小区特色文化,建立以社会主义核心价值观为导向的社会道德伦理思想。

1.讲好家族故事,传播正能量

每个人都有姓氏,每个姓氏都有故事,挖掘保护好祖先文物,用文物说话,讲述历史。利用宗亲侨团会所或祖厝建族姓发展史馆,陈列谱谍、碑文、楹联、祖训、祭祀、礼仪、宗室管理制度,整理先人开发奋斗的历史,先贤敬祖爱乡的感人事迹。如:东孚后柯村柯氏保存的《丰林实业股份公司》石碑,展现海外侨胞爱国爱乡,实业报国的理想;鼎美胡氏《忠勇》牌匾讲述先贤抗倭寇事迹;霞阳民主革命先驱杨衢云;祥露庄银安、新坡邱菽园等东南亚早期华侨桑梓情深,报效国家展现《一代三都人》风采;开台王颜思齐的故事等引以为傲的历史,为海内外宗亲所敬仰。通过集中展示,树立榜样的力量,弘扬先贤事迹,培育先进文化,重视道德,尊重礼仪,扶危济困,守望相助,激励后人,奋发进取。用优秀的传统文化,教育族众,凝聚民心,作为小区文化特色加以宣传推广。

2.修好族谱,为侨台宗亲寻根提供依据

盛世修谱,展现时代精神,同时也通过续修族谱,促进宗亲之间的交流、合作。"文化大革命"期间,大破四旧,族谱大都损毁或保留不完整,目前国内保存最完整的族谱是厦门海沧石塘谢氏。2009 年,在厦门举行的《两岸论坛》之两岸族谱展,海沧石塘谢与台湾桃园谢两地宗亲现场进行族谱交换,展示两岸一家亲和割不断的历史、文化、血脉的联系。族谱是族人认祖归宗的凭证,是散失在世界各地旅外乡亲寻根的依据。

(二)用社会主义核心价值观引领侨团建设

"社会主义核心价值观:培养和弘扬社会主义核心价值观必须立足中华优秀传统文化,深入挖掘和阐发中华传统文化讲仁爱、重民本、守诚信、崇正义、尚合和、求大同的时代价值。这是儒家早期社会道德价值观的集合。"

记录华侨实业报国心的"丰林实业股份公司之缘起"碑

1.传承中华传统好家风

在中国漫长的社会发展中,先贤对社会道德价值观的提炼和倡

东孚鼎美胡氏敦睦堂的"忠勇"牌匾

（厦门海沧侨台宗亲文化展图片）

刊载《厦门日报》的石塘谢氏与台湾桃园谢氏交换族谱照

导,影响深远。如"四维不张,国乃灭亡";"礼,经国家、安社稷、序人民,利后嗣者也……度德以处之,量力而行之,相时而动,不累后人,可谓知礼也"。也是今天应倡导的基本的价值观。在宗祠、家庙世代传承的匾额，字里行间，铭刻于心的祖制、祖训，教育一代又一代的人，如在槟城邱氏先人建宗庙流传至今的祖训："第一等人忠臣与孝子，做两件事耕田又读书。"很朴素的道理，成就今天著名的"龙山堂邱公司"。在印度尼西亚三宝垄从海沧贞庵村出去的叶氏宗亲先人的墓碑上刻有"修身如执玉，积德胜遗金"，等等，体现了中国传统的儒家思想，人生修为。

槟城龙山堂邱公司壁画

在中国传统的节日，如三月十五日、清明节、冬至等特定日子，各宗室都会举行祭祀活动。通过敬神祭祖，加强宗亲联络，"敬宗收族"展现血缘组织的强大凝聚力，传承敬祖爱乡理念，把这些融入社会主义核心价值观的教育中。

2. 以侨团为载体、宗亲文化为根基，打造侨团特色文化

海沧当地人口超过千人的主要姓氏约有四十个，大多数存在于村（居）聚落。随着海沧城市化进程加快，村落拆迁安置，外来人口涌入，

多文化撞击,社会理念不断更新,旧的伦理规范被破坏,新的规范未建立。要促进外来人员与当地人的融合,社会文化道德重建,必须建立在优秀传统文化价值观上。发挥宗亲文化优势,以海沧聚落宗亲文化为根基,融入创新、协调、绿色、开放、共享的理念,打造小区特色文化,助力建设新厦门人的精神,提升小区凝聚力,促进社会和谐,创建文明、和谐侨社。

(三)同心同根,乡情乡约

以亲情乡情为纽带,传播中华优秀传统文化,凝聚海内外中华儿女正能量。大家同根同源、同文同宗,心之相系、情之相融,本是血脉相连的一家人。

"同心同根,乡情乡约"(中间:著名书法家罗钟题字)

以宗亲文化为纽带,各华侨宗亲社团为基地,参加区、街道上级侨务部门统筹联合活动,创建海沧民间华侨社团文化品牌。传承中华优秀传统文化,继续办好侨台青年夏令营、冬令营,做好侨台青年工作。

经营好联谊会会所,取得区海外联谊会、区侨联的支持,固化"侨台宗亲文化展"的成果,在联谊会设专一展馆。

发挥保生慈济文化平台作用,整合辖区华侨宗亲社团资源,以各侨团为活动载体,高举爱国主义旗帜,发挥华侨爱国爱乡精神,凝聚侨心,团结港澳台同胞,扩展海外联谊,促进两岸同胞民间交流,为国家繁荣、民族振兴、祖国统一服务。

位卑未敢忘忧国。新时代,新起点,新征程。行稳致远,引领示范,再建新功。

附录一

三都联络原序

三都聯絡原序

海澄海疆一僻壤也為朝廷所頒
備防禦之處又為不易備防禦之
處自戚繼光鄭成功後沿涯石此若
土埔纍纍入望諸义老猶能指數道
之烽煙之警於斯也頻數矣而三都
尤患三都東南背海枕同安腰厦岸
腹為中外傳泊巨鎮輪蹄絡繹驅
影橋續紛山林嘯聚亡命之徒號
名群不逞乘而出没窮無復之則
垂涎三都如屠工肉將際秋冬風霾
雲墨洞有自西洋歸南洋東歸
穴輻重元尾之手鐶刀大礁同安諸
養逆腰利城以助寇布肉逐之勢
一矩既發截門者隔壁者跳梁者

穴省洞者哈哮衝突左右屏息振足
以聽任捆綁去戰不敢問誰何即
被朝犇募者寔遣諸林谷身騎騾
以貨告與事不章又往又以偶殺問
說者曰官有營兵訊鄉有守望胡隔膜
于官鄉里中壯長者寔以防盜兵畏盜患
弱誰敢出廟兒狼身即有憤不顧身
出喊救被魚肉藥米無資瞪々嚅嗗
一人失望百族塞心思我先輩聯絡
舊規不可不舉也且誅絡之舉防盜
以以防官澄邑自來焚二公外廉吏
寧々歸孺嬰眖取瀘無人勢不得
不訟黠有力者唆于前愚與知者隔
於沒票籤一攔吏下鄉猛于虎不問

曲直先洞肥瘦誣平中八十家之庭
嚚美哎皆因文昌祠條歇不行諸
紳耆無港措手嗚呼九我佰叔琨萬
迄千萬里風波病乃十丰心力嚶
非為事又兄貽子孫計豈知皆歸盜
橐等誼洞痡襄爱邀諸紳耆
之廉慎者倡渡募捐署已就緒不敢
不寔送外洋賠誕募捐疏稱如有同志助
捐熙滴歸公常天共鹺哎事行
庶可補朝廷未備之防禦息三嘛
無端之訟獄風俗人心葵之鄉魯儉曰
狗欺休戕毖為序
光緒二十二年四月
閤都紳耆公啟

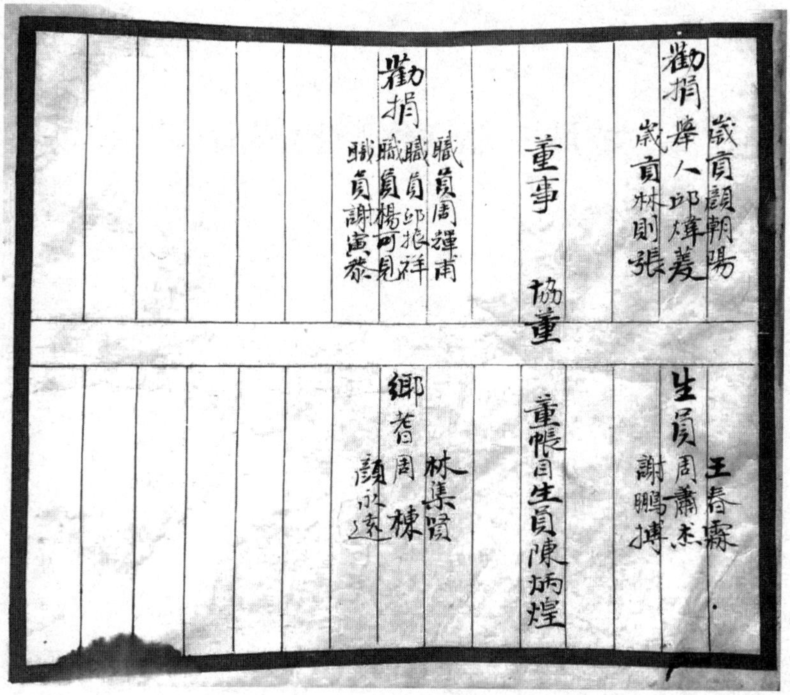

歲貢顏朝陽

勸捐舉人邱煇荽
歲貢林則張

董事　協重

勸捐
職員周輝雨
職員邱振祥
職員楊可見
職員謝寅恭

生員王春霖
生員周肅末
謝鵬搏

董幀目生員陳炳煌

鄉耆周棟
林漢賢
顏永遠

175

附录二

槟城三都联络募捐善后序

槟城三都联络募捐善后序

三都联络募捐费如丰前曾已陆续
举行遍其时埠中外缘之来微劝地方
恐大众不能踊跃应募故不将不暂时
延缓以筹财力第以联络之举裨益无
穷勿论人心可以和协地方可以安谧即
讼事亦可少减所涠正巨迥非区区之捐题诸
之比缓者正所以郑重其事也然而诸
多美举固在当行而捐欵应势鹊
经缓遍总局董办邱君慕齐来槟
捐者捐经今业已就绪共计集得缘金
劝因以出为丹所有未投者收未
六千式百廿六员举成如六仟员存其馀
式百廿六员除其湖零费外尽数寄交缄
局应用而存其之六仟员公议寄邮谢

楊三公司輪流生息連年以議利息寄
予滄江聯絡總局以應經費為久遠之
計廣鄉鄰於此睦風俗於此淳美所設
規條即列如左望永遠遵守于無替
烏可

一車分局所收緣項計以二千弍百外元
陳潤費及寄總局外宴存戔數銀
陸仟員即作為檳城車分局永遠
之公項寄存龍山堂邱家大使爺
寶樹社謝家福廣公四知堂楊家
使頭公三公司生息以乘久遠總
局不浮借端將峽公項移勤蘇經
訂定邱家作第一鬮謝家作第二
鬮品楊家作第三鬮輪流當值週

規條

兩旗始公議每百員每月利息以
六角伸算連年進十月值年者須
將利息寄歸滄江聯絡總局以資
經費若總局紳董辦事不公被本
分局察出眾屬真情此利息應
行得寄車分局合當具一公函前
去總局諸問待其重行整頓好勢
然後依舊再寄

一車分局設日清帳簿正副一樣兩車
凡出入銀項均要載明在簿值年
首收銀君干須就正副簿工結尾
簿蓋該公司正印以為憑據正
傳生息傳副簿存上滙
收執以昭公穩庶無差錯之患

一車分局設公印一顆文曰檳城三都

聯絡分局印 等字樣的印刷公
三角邱謝楊三公司各執一角沉
事用印無集三挂合而盖之方能
准行

光緒二十七年陽月

榎城三都聯絡分局董事
林花蟳
林有泡
邱有用
溫文旦
邱天保
楊志萬
蔡水義
謝旬友
楊兄兩
謝應泉 啟

蓋州所捐緣金芳名列左
新江社邱家捐緣銀壹仟員正
店塘社謝家捐緣銀捌佰員正
霞陽社楊家捐緣銀陸佰員正
社團東 林寅綽敬捐緣銀叁佰員正
社西園 林有泡敬捐緣銀貳佰員正
社北鐘 蔡水義敬捐緣銀壹佰員正
社在赤 溫文旦敬捐緣銀壹佰員正

西壇社　謝福坤　敬捐緣銀壹佰□式正
晋昌號　敬捐緣銀壹佰□式正
吾貫社　林調性　敬捐緣銀壹佰□式正
東廣社　林克全　敬捐緣銀壹佰□式正
新江社　怡順號　敬捐緣銀壹佰□式正
疆山社　蔡有格　敬捐緣銀壹佰□式正
長利號　敬捐緣銀壹佰□式正
許園廈屆　林光傳　敬捐緣銀壹佰□式正

金沙社　周芷英　敬捐緣銀壹佰□式正
新江社　協發號　敬捐緣銀壹佰□式正
前山社　瑞福號　敬捐緣銀壹佰□式正
霞陽社　楊忠萬　敬捐緣銀壹佰□式正
合興號　敬捐緣銀陸拾員正
郭厝社　郭元宵　敬捐緣銀陸拾員正
新江社　邱順德　敬捐緣銀陸拾員正
新江社　邱傳約　敬捐緣銀陸拾員正

新江社　顺昌孺　敬捐缘银叁拾员正
许厝社　仝厝社同　敬捐缘银叁拾员正
新江社　邱光罵　敬捐缘银廿四员正
吾贯社　林元聘　敬捐缘银廿四员正
霞阳社　杨昭山　敬捐缘银廿四员正
霞阳社　杨长寿　敬捐缘银廿四员正
吾贯社　林百蚨　敬捐缘银廿四员正
霞阳社　杨牛江　敬捐缘银廿四员正

新江社　顺昌孺　敬捐缘银叁拾员正
许厝社　仝厝社同　敬捐缘银叁拾员正
新江社　邱光罵　敬捐缘银廿四员正
吾贯社　林元聘　敬捐缘银廿四员正
霞阳社　杨昭山　敬捐缘银廿四员正
霞阳社　杨长寿　敬捐缘银廿四员正
吾贯社　林百蚨　敬捐缘银廿四员正
霞阳社　杨牛江　敬捐缘银廿四员正

社阳霞　杨作尚敬捐缘银廿四员正
社阳霞　杨童财敬捐缘银廿四员正
社冲新　邱溚德敬捐缘银廿四员正
社店宁　李文辉敬捐缘银廿四员正
社仰山　陈谦温敬捐缘银廿四员正
社川晴　吴金爵敬捐缘银廿四员正
社塘五　谢义丰敬捐缘银廿四员正
社江新　柏义候敬捐缘银廿四员正

社山楼　永和栈敬捐缘银廿四员正
社塘龙　承协兴敬捐缘银廿四员正
社里锦　林乾威敬捐缘银廿四员正
社川晴　吴有恭敬捐缘银廿四员正
社江新　邱文吉敬捐缘银廿四员正
社江新　协振瑞敬捐缘银廿四员正
社阳霞　美源瑞敬捐缘银廿四员正
社江新　邱天龙敬捐缘银廿四员正

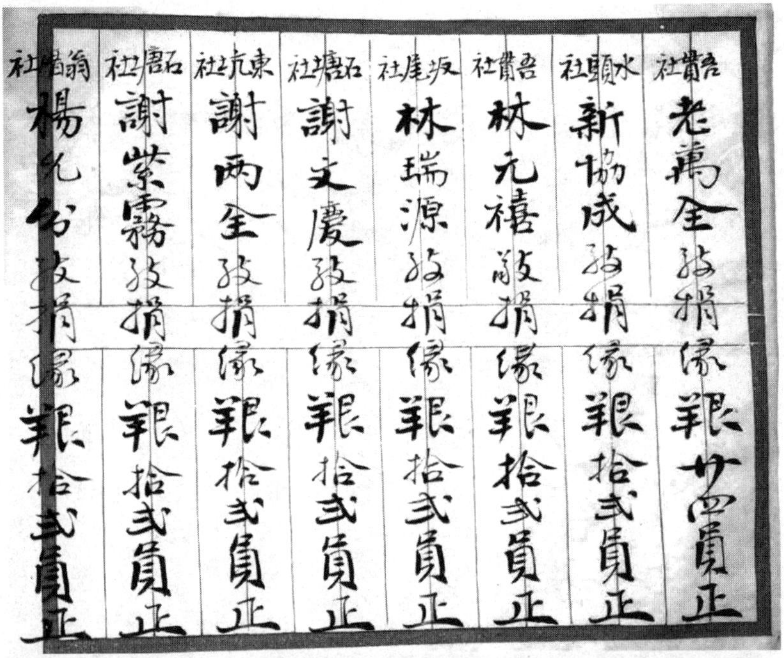

（上图，自右至左）

社鰲 老萬全 敬捐緣銀廿四員正
水顯社 新協成 敬捐緣銀拾弍員正
坂佳社 林元禧 敬捐緣銀拾弍員正
吾賢社 林瑞源 敬捐緣銀拾弍員正
五塘社 謝文慶 敬捐緣銀拾弍員正
東坑社 謝兩全 敬捐緣銀拾弍員正
石虞社 謝紫霧 敬捐緣銀拾弍員正
翁貂社 楊允公 敬捐緣銀拾弍員正

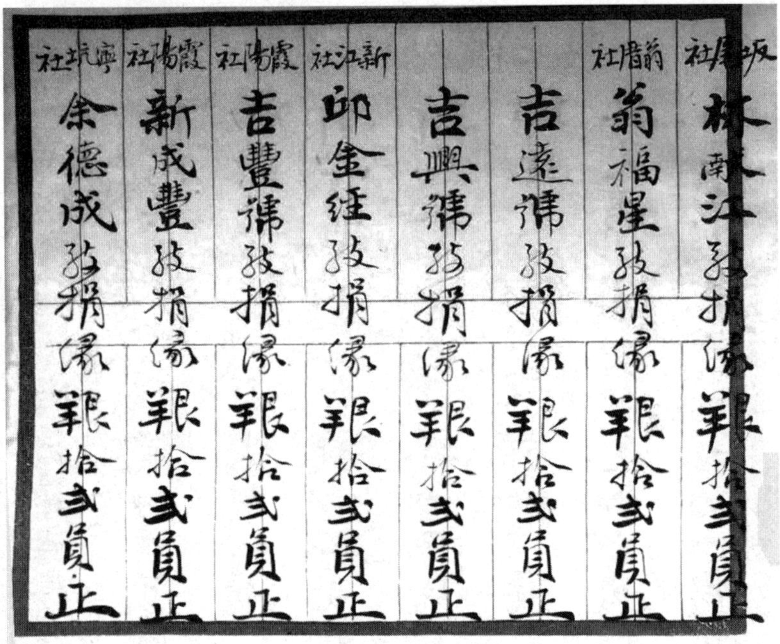

（下图，自右至左）

坂佳社 林南江 敬捐緣銀拾弍員正
翁貂社 翁福星 敬捐緣銀拾弍員正
吉遠 敬捐緣銀拾弍員正
吉興 敬捐緣銀拾弍員正
新江社 邱金鉎 敬捐緣銀拾弍員正
霞陽社 吉豐 敬捐緣銀拾弍員正
霞陽社 新成豐 敬捐緣銀拾弍員正
坪灣社 余德成 敬捐緣銀拾弍員正

合吉號姑捐緣銀拾弍員正

福鼎興姑捐緣銀拾弍員正

福昌號姑捐緣銀拾弍員正

新美昌姑捐緣銀拾弍員正　（新江社）

新萬春號捐緣銀拾弍員正　（新江社）

邱生園姑捐緣銀拾弍員正　（新江社）

振盡號姑捐緣銀拾弍員正

福興號姑捐緣銀拾弍員正　（新江社）

吉發號姑捐緣銀拾弍員正

正美號姑捐緣銀拾弍員正　（安坑社）

宜興號姑捐緣銀拾弍員正　（新江社）

林清張姑捐緣銀拾弍員正　（新江社）

承源戎棧捐緣銀拾弍員正　（新江社）

寶興號姑捐緣銀拾弍員正　（新江社）

寶盡號姑捐緣銀拾弍員正　（新江社）

邱台蘊姑捐緣銀拾弍員正　（新江社）

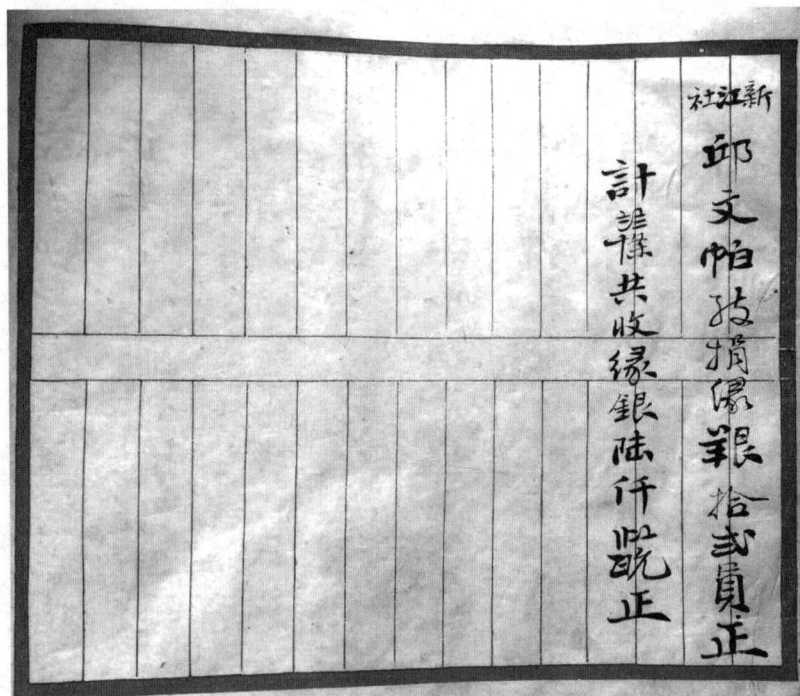

附录三

沧江业产契据汇刊

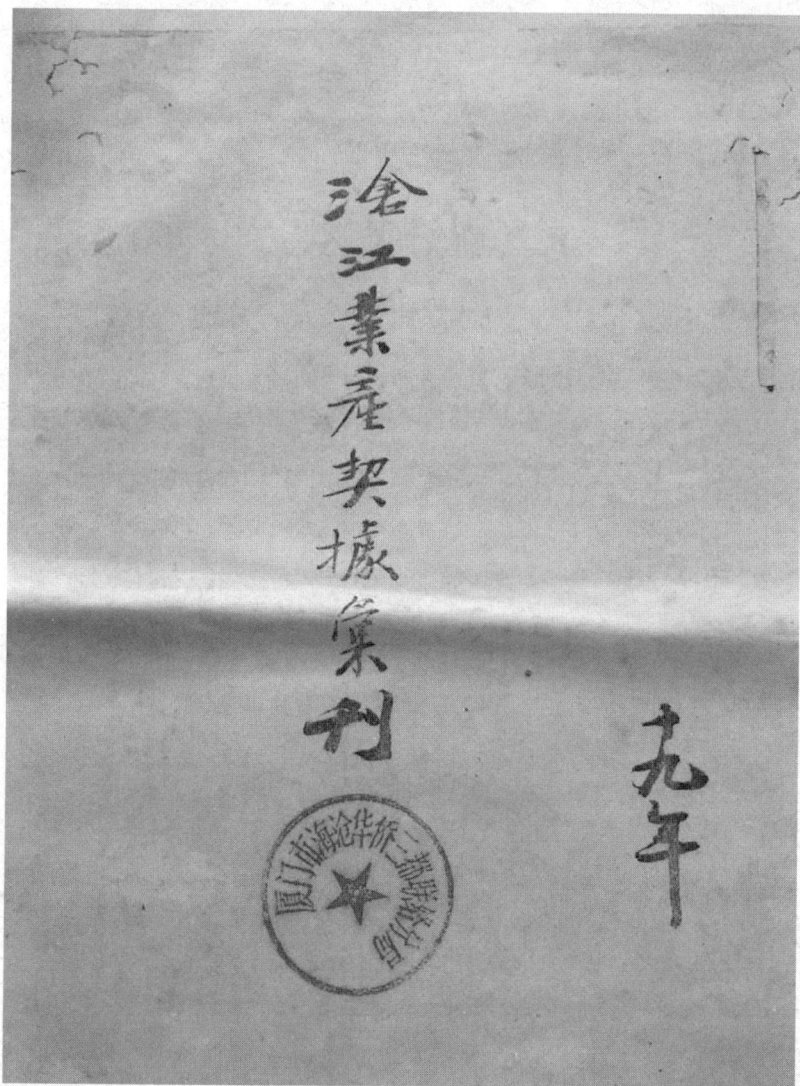

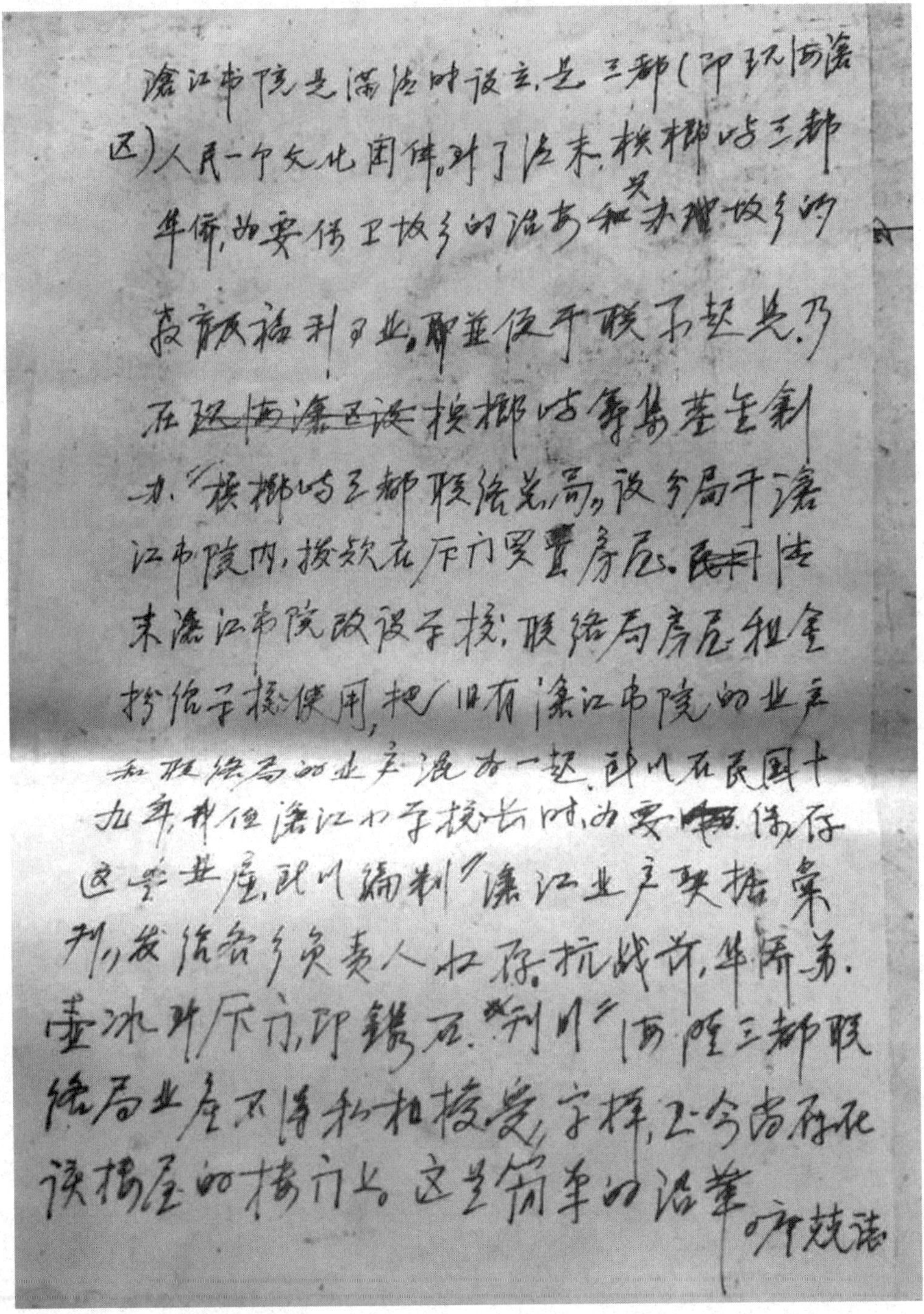

浔江书院是满清时设立，是三都（即环海浔区）人民一个文化团体。到了清末，槟榔屿三都华侨为要保卫故乡的治安和兴办故乡的教育福利事业，和并便于联系起见，乃在~~环海浔区设~~槟榔屿筹募基金创办"槟榔屿三都联络局"，设分局于浔江书院内，拨款在厦门买置房屋。~~民国~~清末浔江书院改设学校，联络局房屋租金拨给学校使用，把旧有浔江书院的业产和联络局的业产混在一起。我们在民国十九年兼任浔江小学校长时，为要~~保~~保存这些业屋，我们编制"浔江业产契据汇刊"，发给各乡负责人收存。抗战前，华侨叶玉冰到厦门，即镌石"刊刊"海澄三都联络局业屋不得私相授受"字样，至今尚存在该楼屋的楼门上。这是简单的沿革。

[illegible]谈

沧江菁院所存业产契据录表备查 民国十九年五月

	买卖人 吴根雁 街尾	阖峤 街裡社 桥头	布典八 刀利源 彩三州	轩典八人 石子腾	轩典人 松坂尾社 高洲	典押人 处所	出卖或物业人处所
	○。	○。	○。	✓。	○。		
出卖或物业之种类	海沧 街尾	桥头、海沧街	海沧街尾	御燕巢巷 及门内不严	海沧 街中央	海沧	卖或物业之种
卖契之种	座透楼 正	店屋一 应三进	店屋一	屏山覆厚 前山房三层	店屋一 间二进	店屋一	契内业之种类及数目
	叁佰元	拾元正	○	○	拾五两	壹佰两	卖昆数 典昆数
	○	拾元正	叁佰元正	叁佰山 拾元正	○	○	约之时代契若干部
	民国十九年	光绪三年十二月	民国二年十二月	荒浩廿五年九月	光绪二年十二月		成立契上手共若干部
	壹部	壹部	壹部	壹部	壹部		
	共 贰部	共 贰部	共 贰部	共 贰部	共 壹部		

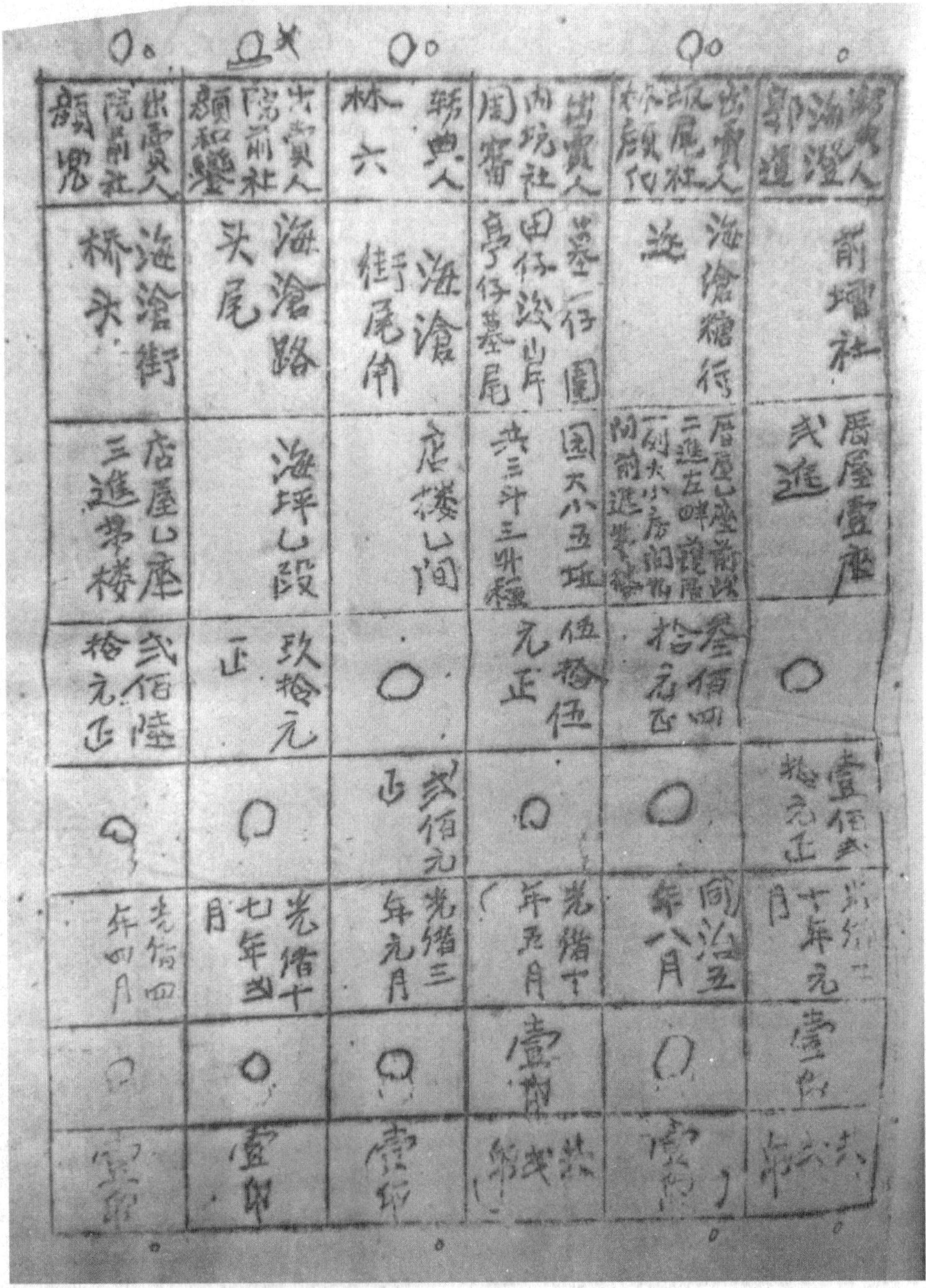

说明：

1. 原版资料是邱廑兢在民国十九年（1930 年）编印。

2. 复制资料是邱廑兢 1958 年任海沧三都联络分局董事长时加说明，重新印制。

3. 页面印章是 1984 年海沧三都联络分局恢复后加盖。

附录四

1989 年海沧华侨三都联络分局
第二届董事会换届选举选票

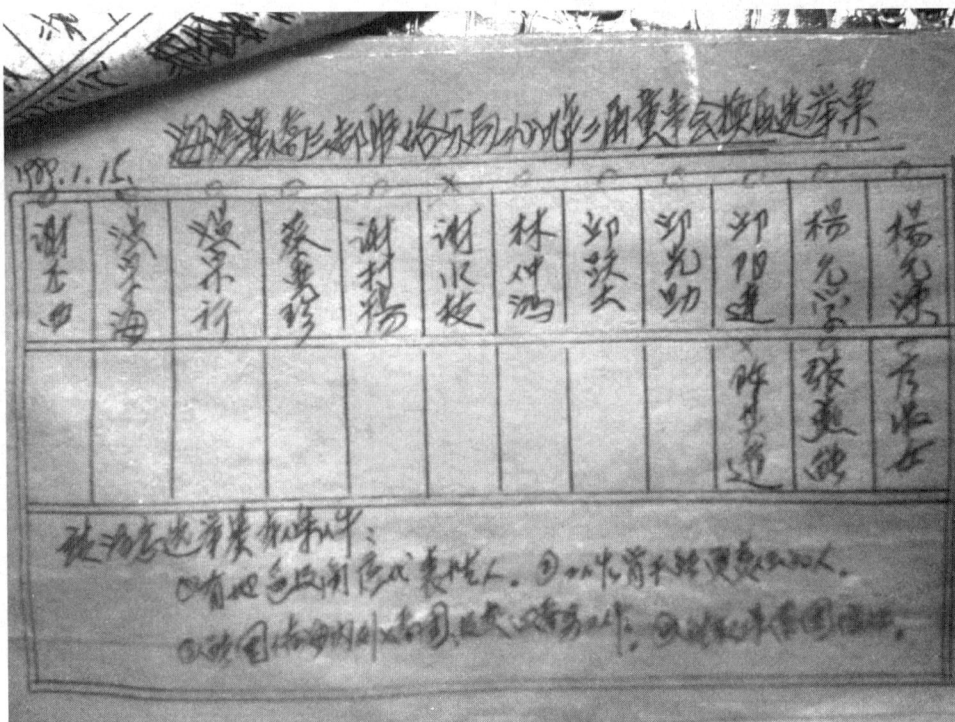

附录五

华侨三都联谊会会议纪要节录

一、华侨三都联谊会会议纪要(2009 年 8 月 18 日)

时间:2009 年 8 月 18 日

地点:办公室

对象:董事会成员

会议内容纪要:

1、研究换届事宜:(1)向侨联提出换届申请报告。(2)商讨新一届人事拟任名单。(3)初步决定在 11 月召开全体会员大会。

2、半年来的财务汇报(许瑞发、蔡亚森)

3、初步决定由林中鸿、许瑞发、谢福坤三位同志参加由区上级主管部门侨联率领赴金、台与对岸华侨联谊会进行交流

4、中秋活动安排

5、房产评估情况及现场检查租户李宝国房屋维修验收

记录:林中鸿

二、华侨三都联谊会会议纪要(2011 年 3 月 15 日)

时间:2011 年 3 月 15 日

地点:办公室

对象：董事成员

内容：

1、2005—2010年的工作回顾：（1）要点对五年来的工作给予充分肯定，与海外联谊互动良好，既交新朋友又不忘老朋友。（2）诚心诚意为侨胞寻根谒祖排忧解难得到侨胞的赞誉（3）与上级部门沟通顺畅，与海外其他华侨社团互动良好（4）单位与成员多次被上级表彰，成绩得到肯定。

2、全年上半年的工作要点：（1）继续加强与海外侨团联系做好今年"慈济文化节"回乡的侨胞接待工作（2）请审计所审计员作去年的财务审计，具体由许瑞发、蔡亚森负责。（3）年检的工作由许瑞发、颜笛负责（4）今年是中国共产党建党90周年，举行一次社团纪念活动，具体区侨联牵头，由三都联谊会主办，时间拟定6月下旬，地点在我三都联谊会办公室，希望各位准备发言提纲，届时安排好会议场所。（5）槟城谢氏福侯公公司200周年庆典，届时要发贺信和派人参加。

记录：林中鸿

三、华侨三都联谊会会议纪要（2011年5月11日）

时间：2011年5月11日

地点：办公室

对象：董事成员

内容：

1、通报本年度第一季度收支情况及审计年检工作汇报情况（许瑞发、蔡亚森）。

2、90周年党庆会所定在本会所办公室，时间初定在6月21日，会场布置由许瑞发、颜笛负责,由林中鸿代表本会发言,谢福坤代表谢氏公司发言。

3、槟城谢氏福侯公公司的贺信由林中鸿主笔,委派谢福坤赴槟城参加庆典活动。

4、七月份组织部分成员赴红色根据地井冈山、瑞金瞻仰革命烈士遗址和学习他们的革命事迹。

记录:林中鸿

四、华侨三都联谊会会议纪要(2014 年 6 月 3 日)

时间:2014 年 6 月 3 日

地点:办公室

参加:林中鸿　陈新赐　许瑞发　谢福坤　颜　笛　蔡亚森　林千根

内容:

一、林中鸿:2014 年上半年主要工作要点回顾

1、审计工作:对 2013 年的财务进行审计。根据审计报告,2013 年度收支基本与上年度持平,财务审批严格按程序报批。账面金额与库存相符,财务清楚透明。但,记账方法有待进一步完善。

2、年检工作:根据民政局要求,须提供上年度的财务情况报告,财务审计报告,年度总结等相关资料,经审核,顺利通过年检工作。

3、海沧青礁文化节期间,积极配合,协助侨联搜集整理有关侨资料,获上级侨联部门赞许,同时受到区委统战部表彰被评为侨联系统先进单位。

4、慈济文化节期间接待马来西亚三都局拿督温子开一行、新加坡

宗乡总会柯木林一行。期间拿督温子开先生捐款 7000 元人民币,其中 3000 元捐给沧江小学,4000 元捐给本会作为活动经费。

5、"六一"期间,我会拨出 7400 元慰问海沧小学、新江小学、育才小学、霞阳小学、钟山小学、困瑶小学等侨村学校。

6、星级评估工作:我会根据评估要求,已顺利完成资料搜集整理,民政局有关人员到我会实地查验,现进入评估审核定级阶段。

7、因我会副董事长邱跃土去世,副董事长一职由颜笛递补。

今年本联谊会届满,研究联谊会换届工作。(1)拟定新一届"三都"董事会成员:董事长许瑞发 副董事长颜笛 秘书长张勤强 名誉董事长林中鸿 陈新赐 董事成员:杨允领 林千根 蔡亚森 邱锦容 邱天在 谢福坤 。人选名单,书面请求报送区侨联。(2)拟定于 2014 年 9 月完成换届工作。

记录:张勤强

注:2014 年 9 月 20 日会议纪要:海沧华侨三都联谊会换届,53 位会员代表出席。会议选举联谊会第八届董事会。成员名单同上。

五、华侨三都联谊会会议纪要(2015 年 4 月 28 日)

时间:2015 年 4 月 28 日

地点:办公室

参加:林中鸿 许瑞发 陈新赐 颜 笛 谢福坤 邱天在 张勤强

主持:许瑞发

内容:

1、做好联谊会房屋财产租金收取工作。

2、计划"六一"慰问辖区侨村学校。育才小学 800 元、新江小学 2000 元、鳌冠小学 800 元、困瑶小学 1000 元、海沧中心小学 1200 元、钟山小学 800 元、霞阳小学 800 元。

3、马来西亚颜龙镖先生助学工作,2015 年继续开展。依照颜先生本人意愿,访项工作由其侄子颜笛全权负责,联谊会协助。

记录:张勤强

六、华侨三都联谊会会议纪要(2016 年 4 月 25 日)

时间:2016 年 4 月 25 日

地点:办公室

参加:许瑞发　林中鸿　陈新赐　颜　笛　谢福坤　邱天在　张勤强

主持:许瑞发

内容:

1、汇报"文化节"槟城代表接待工作。

4 月 6 日上午、下午,机场接贵宾,晚上三都接待晚宴。

4 月 7 日上午,接温拿督一行到本会二楼召开座谈会,介绍"沧江古镇"历史及改造计划,并实地参观。特别安排拆迁公司蔡总与温先生见面,沟通温厝温先生老家拆迁有关事宜,双方满意。

4 月 8 日,参加第九届慈济文化节活动,晚上参加区侨联接待海外嘉宾晚宴。

4 月 9 日,送客人漳州、东山参观考察。

4 月 10 日,上午鼓浪湾酒店 送客人离厦。

2、联谊会五月年审,瑞发、颜笛、勤强负责。

3、财务汇报。

4、讨论 2016 年"六一"慰问安排。

5、联谊会申请经费补助（2016 年 3 月 25 日申请报告）已经街道领导批准，街道给予补助人民币 3 万元，用于"侨在行动"和开展"一带一路"活动及继续开展海外联谊、侨务对台，服务建设和谐社会美丽海沧，缔造工作。

记录：张勤强

七、华侨三都联谊会会议纪要（2017 年 3 月 1 日）

时间：2017 年 3 月 1 日

地点：办公室

参加：许瑞发　林中鸿　陈新赐　颜　笛　谢福坤　邱锦容　邱武德　邱天在　张勤强

主持：许瑞发

内容：

1、讨论房屋出租，签订合同事宜。联谊会房产承租三年（厦门镇邦路三栋，占地 150 平方米，建筑面积 650 平方米）。

2、涉侨对象、海外关系调查。

3、讨论"4·18"文化节、侨联论坛。马来西亚三都联络局参访团争取列入文化节活动接待。青礁慈济文化节于 4 月 18 日举行，区侨联举办"侨史文化论坛"。马来西亚 17 人回乡参加活动的接待工作。

4、海峡两岸书法笔会（展）暨莲塘大厝保护与旅游开发论坛经费补助问题。由海沧莲花洲陈氏宗亲会和海沧华侨三都联谊会申请的"海峡两岸书法笔会（展）暨莲塘大厝保护与旅游开发论坛"对台文化交流活动经费补助,街道已过会批准补助人民币 5 万元。补助费在"三都联谊会"过账,用于"海峡两岸书法笔会(展)暨莲塘大厝保护与旅游开发论坛"活动。

记录:张勤强

八、华侨三都联谊会会议纪要(2017 年 11 月 7 日)

时间:2017 年 11 月 7 日

地点:本会办公室

区领导调研:区委副书记曹放,区侨联主席杨建良,海沧小区书记,主任张凤娇,江国民等。

参加:许瑞发　陈新赐　颜　笛　谢福坤　邱天在　张勤强

内容:

(一)许瑞发汇报联谊会主要工作

本会创办于 1900 年,总局设在槟城。现董事会成员 11 名。所有权房产位于厦门镇邦路和海沧旧街,建筑总面积约 1200 平方米。

1、每年坚持对侨村学校捐资助学

2、积极开展海内外华侨联谊联络工作

3、开展侨务对台工作

(二)曹书记讲话

1、感谢三都华侨历史以来对国家、家乡建设发展的关心、贡献。

2、肯定感谢三都华侨联谊会对涉侨、侨台工作及和谐社会有关工作活动的支持、贡献。

3、希望继续关心支持小区、侨史工作的挖掘,建设、宣传等工作。

记录:张勤强

九、华侨三都联谊会会议纪要（2017 年 12 月 6 日）

时间：2017 年 12 月 6 日

地点：本会办公室

街道领导调研：许建平主任　澎文武　林燕红　湛　泄　谢（总）

参加：许瑞发　林中鸿　陈新赐　颜　笛　谢福坤　邱武德　邱天在　张勤强

内容：1、许瑞发汇报三都联谊会工作。

2、许主任对三都联谊会工作给予肯定，表示支持。

记录：张勤强

参考文献

乾隆《海澄县志》,清乾隆二十七年(1762 年)镌刻。

福建省龙海县地方志编纂委员会编:《龙海县志》,北京:东方出版社,1993 年。

厦门市海沧区地方志编纂委员会编:《厦门市海沧区志》,北京:中华书局,2014 年。

福建省地方志编纂委员会编:《福建省志·华侨志》,福州:福建人民出版社,1989 年。

陈达:《南洋华侨与闽粤社会》,长沙:商务印书馆,1939 年。

廖艺聪:《海沧姓氏源流》,厦门:厦门大学出版社,2016 年。

许金顶:《新阳历史文化资料选编》,广州:花城出版社,2016 年。

许金顶主编:《同心同根,乡情乡约:厦门海沧侨台宗亲文化展》,2014 年 4 月。

海沧华侨三都联络分局重修青礁慈济宫董事会、理事会编:《福建省文物保护单位青礁慈济祖宫东宫史料》,1992 年 7 月。

《沧江业产契据汇刊》,1930 年。

《马来西亚槟城三都联络分局(光绪念柒年岁次辛丑阳月置)正日清簿》,手抄本,1901 年。

《马来西亚槟榔屿三都联络局 105 周年纪念特刊》,内用非售品,2005 年。

龙海县档案局:《民国时期海澄华侨档案》。

厦门市海沧区档案局:《海澄第四区(海沧区)侨乡普查资料》档案。

厦门市集美区档案局:《集美区、原杏林区华侨资料》。

厦门市海沧区民政局、海沧区侨联:《海沧区民间华侨组织登记资料》。

后 记

　　中华五千年的血脉传承，历史沉淀——宗亲文化，维系海内外炎黄子孙一家亲的情感，是中华文脉的传承，无论过去、现在、将来，都有它特殊的意义。

　　华侨三都联谊会是由地缘、血缘关系为纽带组成的华侨社团组织，已有一百多年的历史。作为民间华侨社团组织，地方史、志少有记载，但现代华侨历史学界，不乏对海沧侨乡的研究。遗憾的是三都侨乡的历史资料欠缺，因此着手编写本书，相信以海沧与槟城两地三都联络组织作为联系纽带，找寻历史，梦萦乡愁，桑梓情闪耀华侨文化精神，有助海丝人文历史的研究。

　　本书的参考资料，主要来源于文献典籍、历史档案，求证当事人口述历史和相关资料，以及亲历侨团十年的工作积累。2018年6月，完成资料的收集整理，开始撰写初稿。经厦门大学曾玲教授、华侨大学许金顶教授、厦门市海沧区方志办翁忠言三位老师的指导，修改完成第二稿。之后又征求专家学者的意见，以及区委、区政府及有关部门领导、文史研究者的意见，修改完成，交付厦门大学出版社编辑出版。

　　不忘初心，牢记使命，展示文化自信。此书，仅是抛砖引玉。感恩、感谢朋友们的支持和帮助！

魏宁当

2019年2月9日